日本一わかりやすい 会計の授業

公認会計士・税理士
「キッズBOKI」主宰
柴山政行

実務教育出版

まえがき

　こんにちは！
　公認会計士・税理士の柴山政行です。私は小学生たちに簿記を教える「キッズBOKI」という簿記教室を開いています。
　1992年に公認会計士試験に合格し、それ以来、会計の専門家として20年以上仕事をしてきました。
　ちなみに、会計士試験に合格する前年の1991年から大手専門学校で日商簿記２級の講師を務めているので、会計教育については2016年で「教師生活25年！」です。人気マンガ『ど根性ガエル』の町田先生が泣きながら絶叫したあのセリフを思い出します。

　ところで、小学生に会計を教えているというと、よく次のような質問をいただきます。

「小学生に会計の話が理解できるの？」
答えは、もちろん「Ｙｅｓ！」です。

　世間のイメージでは、「会計は難しい」、「つまりはお金の計算でしょ？」という誤った認識が定着していますが、それは従来の会計教育のあり方に問題があったわけです。

　本書は、「子どもでも本当にわかった！」という現場での実績・体験に基づいた「キッズBOKI」メソッドを用いて、会計や簿記の素人のビジネスパーソンの方々にもかんたんに会計のしくみが理解できる、というコンセプトのもとに作られています。

　一般の会計本に出てくるような難しい会計用語は必要最小限

にとどめ、これまで多くの小学生を相手に教えてきた現場の経験から、「小学生でもわかるレベルまで言葉と説明をやさしくして」会計の知識を教えていきます。

　社会で働く上では、会計やお金の話は避けて通れません。すべての社会活動に必要といえる「お金の流れ」を最も合理的に記録し、データとして残せるのは会計、すなわち簿記の技術にほかならないのです。つまり、世の中の出来事を客観的に数字で分析し、行動につなげるためには、会計は他のどの学問よりも役に立つといえます。
　裏を返せば、「お金の流れ」さえつかんでしまえば、世の中の活動の裏側を見ることさえ案外たやすいのです。こんな便利なツールを経理の専門家だけのものにしておくのは、実にもったいないことです。

　本書では、主人公ケイイチくんがケーキ屋さんを開店するために資金を集めるところから、開店後１年が経過し、決算をするまでのシミュレーションを通して、会計の考え方を身につけるのに必要な知識を学んでいきます。

　さあ！
　これから本書で、「教室の現場で小学生に教えて、ついには日商簿記検定３級・２級合格までつなげることができた会計の本質的な知識・教養」を、たのしく学ぼうではありませんか！

目次

まえがき ……………………………………………… 2

第1章 必要なお金を用意する
～お店を開店するまでの準備

01 お店を開くのに何が必要? …………………… 8
02 お金が増えたらどう書くの? ………………… 10
03 準備資金が必要になったら? ………………… 14
04 借りたお金が帳簿に記録されたよ …………… 16
05 どんな「モノ」が商売には必要? ……………… 20
06 設備を買ったらどう書くの? ………………… 24
07 パソコンを買ったらどう書くの? …………… 26
08 お店でかかる費用って何? …………………… 30
09 文房具を買ったらどう書くの? ……………… 32
10 物を借りると使用料がかかる ………………… 36
11 使用料を払ったらどう書くの? ……………… 38
12 お金の調達方法を考える ……………………… 40
13 お金を借りたらどう書くの? ………………… 42
14 自己資金の意味を考えよう …………………… 46
15 自己資金を入れたらどう書くの? …………… 48
1章で学んだ竹とんぼのふりかえり …………… 50
コラム 初公開! キッズBOKIの教え方 ………… 52

第2章 本日開店 いらっしゃいませ！
～開店から1日の集計まで

- 16 ケーキの材料を買うよ ……………………………… 54
- 17 材料を仕入れたらどう書くの? …………………… 58
- 18 ケーキを喫茶ABCに配達するよ ………………… 62
- 19 喫茶ABCへの売り上げはどう書くの? ………… 64
- 20 お店でケーキが売れたよ …………………………… 68
- 21 ケーキが売れたらどう書くの? …………………… 70
- 22 売り上げをどうやって管理する? ………………… 74
- 23 売り上げ合計を帳簿に書く ………………………… 76
- 24 しまった! 代金が払えない ………………………… 80
- 25 掛けで仕入れたらどう書くの? …………………… 82
- 26 後払いで喫茶ABCに配達するよ ………………… 86
- 27 掛けで売り上げたらどう書くの? ………………… 88
- 28 1日の取引を記録する ……………………………… 92
- 29 現金はいくら残っているかな? …………………… 96
- 30 1日の取引を集計する ……………………………… 98
- 31 竹とんぼのまとめ表を作ろう ……………………… 102
- **2章で学んだ竹とんぼと表のふりかえり** ……………… 106
- **コラム** 竹とんぼを使わない簿記「仕訳」って? ……… 108

目次

第3章 さぁ、お店の通信簿を作るよ！
～月々の売上集計から期末決算・確定申告まで

- 32 日計表の進化形を見てみよう …… 110
- 33 試算表を作る練習をするよ …… 114
- 34 キッズベーカリーの月次試算表は？ …… 118
- 35 試算表から何がわかる？ …… 122
- 36 12月31日は商売の締め日です …… 126
- 37 決算日の時点で設備はいくら？ …… 130
- 38 設備の価値はどのくらい減った？ …… 134
- 39 価値が減ったらどう書くの？ …… 136
- 40 決算日のあとは何をするの？ …… 140
- 41 修正したあとの試算表を作る …… 142
- 42 1年の儲けを計算しよう …… 146
- 43 どんな財産があるかをチェック …… 150
- **3章で学んだ竹とんぼと表のふりかえり** …… 156
- **コラム** 決算書のここに注目！ …… 158

あとがき …… 159

※本書では、初心者向けに会計や簿記の原則の理解を助けるため、会計上の厳密なルールを簡略化した記述もあります。

必要なお金を
用意する

～お店を開店するまでの準備

こんにちは！ 僕はケイイチ。
ケーキ作りが趣味の20歳！
念願のケーキ屋さんを
オープンすることにしたんだけど、
お店を作るにはお金が必要だよね……。
この章では、お店に必要なお金を集めるよ！

01 お店を開くのに何が必要?

大好きなケーキ屋さんを開店することにしたケイイチくん。とはいっても、明日からすぐに始められるわけではありません。まずは開店に必要なことを確認します。

keyword

資本(しほん)
商売のために個人のお金とは分けてお店に入れたお金

ケーキ屋さんを開店したいんだけど、まず何をすればいいのかな?

　ケーキ作りが大好きで、多くの人からその味をほめられていたケイイチくん。いつか自分のお店を持ちたいと思い、コツコツと30万円を貯金して、ようやく開店することになりました。

　でも、持っているお金だけで開店することができるのでしょうか? お店を開店するときや続けていくためには、いろいろなものが必要ですよね。まずはそこから確認しましょう。

商売の目的

　お店にある商品を売って、お客さんからお金をいただく。これを商売といいますね。では、そもそも商売の目的ってなんでしょうか？　ひとつは、お金を得るための**営利目的**。給料や商品を作るための材料費もこれに含まれます。
　もうひとつは、**公共目的**。世の中の役に立つことです。

商売に必要なヒト・モノ・カネ

　商売を始めるには、大きく分けて**ヒト・モノ・カネ**の3つが必要です。ヒトは経営者や従業員。モノは店舗や設備、材料。カネは資金や従業員の給料です。
　ケイイチくんの場合、ヒトはケイイチくん自身。モノのうち、店舗はお父さんから借りた自宅の1階、カネは貯金した30万円です。

資本って何？

　この30万円を**お店の金庫に入れて**、設備や材料など必要な物を買います。自分のお店を開くのに、一度お店の金庫に入れるのは、個人のお金だと好きなことに使っちゃうかもしれないから。そうしないために、金庫に入れて「**お店のお金＝資本**」にします。また、資本を入れることを「元入れ」といいます（P.46）。

好きなことを仕事にするために

好きなことで商売を始めるケイイチくん。好きなだけではケーキ屋さんの経営が上手くいくとは限りません。経営はケーキ作りとは別の知識が必要。成功するためにはしっかり学ぶ必要があります。

第1章　必要なお金を用意する〜お店を開店するまでの準備

02 | お金が増えたら どう書くの?

お店のお金が増えたら、どうすればいいのでしょう?
そんなときに必要なのが「帳簿」です。ここでは、会計のキホン＝簿記の語源にもなった帳簿記入のやり方を学びます。

keyword

帳簿（ちょうぼ）
お店で発生するお金のやり取りを記録するノート

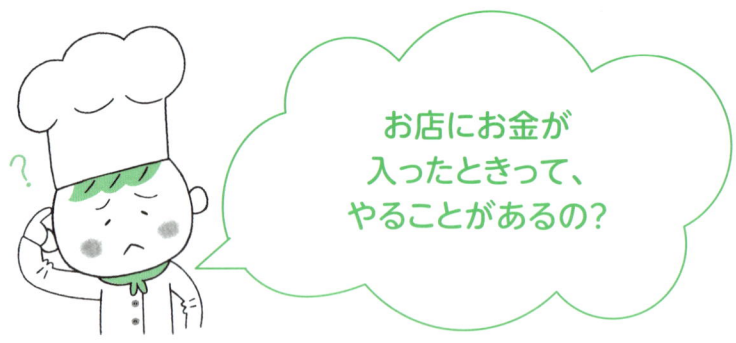

お店にお金が入ったときって、やることがあるの?

開 店資金として貯めた30万円をお店の金庫に入れたケイイチくん。ケイイチくんのお金は、自由に使えていた「私財」からお店のお金である「資本」になりました。ところが、初めてお店を開くケイイチくんは、この「資本」をどうやって管理したらいいのかわからず、困っています。商売をするのに、お金の管理は大切ですね。そこで役に立つのが帳簿です。

帳簿って何だろう?

　帳簿とは、毎日お店で起こるたくさんのできごとをわかりやすく記録するノートのこと。できごとを記録するとはいっても、日記のようになんでも書いていいわけではありません。商品やサービスを売って、お客さんからお金をいただいたときや、材料や光熱費、家賃などを支払ったときに出入りしたお金の金額を記録します。ケイイチくんのお店であれば、ケーキが売れたり、ケーキの材料を買ったときなどに記録していきます。

帳簿はお金のやりとりを整理するために書く

　たとえば、1年に1回だけ、1,000万円の品物が売れるとします。この場合、お金のやり取りの回数が少ないから帳簿をつけなくても大丈夫。メモ書きでもお金が入ってきたことをあとから確認できます。

　でも、毎日100杯以上の売り上げがあるラーメン屋さんで、帳簿をつけずに全部の売り上げをメモ書きで残したとしたらどうでしょう？　仮に1日10杯に限定したとしても、1カ月間で25日営業したら、それだけでお金のやり取りは250回。その全部の売り上げをメモだけで、いつ、何が何杯売れたかを確認できるでしょうか？　売り上げ以外にも、お店では材料費や、電気代やガス代を支払ったりなど、お金のやり取りはほかにもいろいろとあります。

　つまり、**帳簿とはたくさんのお金のやり取りを整理して、計算しやすくするために書くノート**なのです。そして、簿記とはお店で起こるお金のやり取りを帳簿に記入していく方法のことをいいます。

帳簿の中身を見てみよう

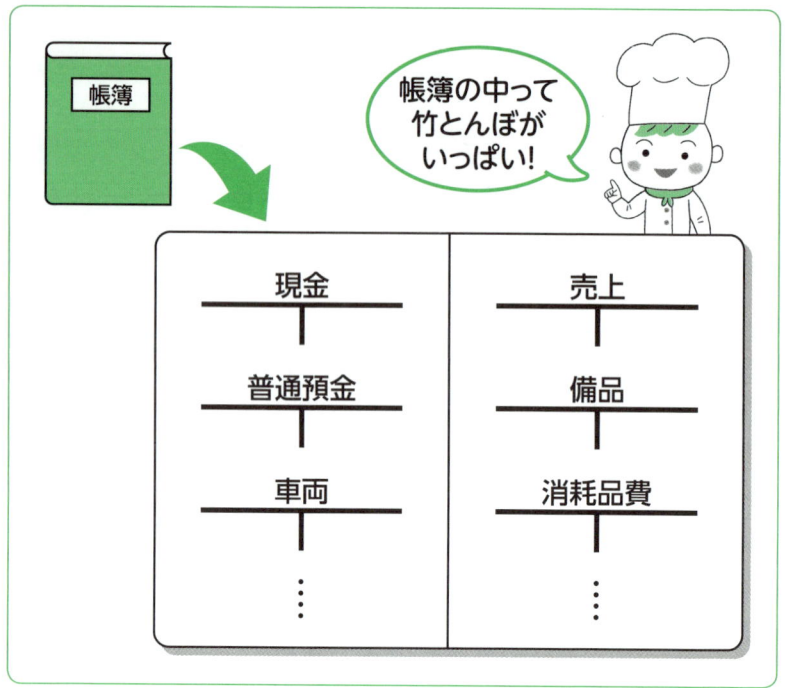

　帳簿とは何かがわかったところで、帳簿の中身を見てみましょう。上の図は帳簿を簡単にあらわしたものです。たくさん並んだT字の図、なにかに似ていると思いませんか？　そう、**竹とんぼ**です。この本では、わかりやすく読み進められるように、このT字を「竹とんぼ」と呼ぶことにします（正式名称は勘定口座）。

　その竹とんぼの上には、「現金」「普通預金」「車両」「売上」などと書かれています。これはどのような方法でお金が入ってきたのか、出ていったのかをあらわしています。このお金の名目を正式には「勘定科目」と呼びますが、簿記の考え方に慣れてくるまでは**竹とんぼのアタマ**と表記します。

お金が入ったら「竹とんぼの左側」に書く

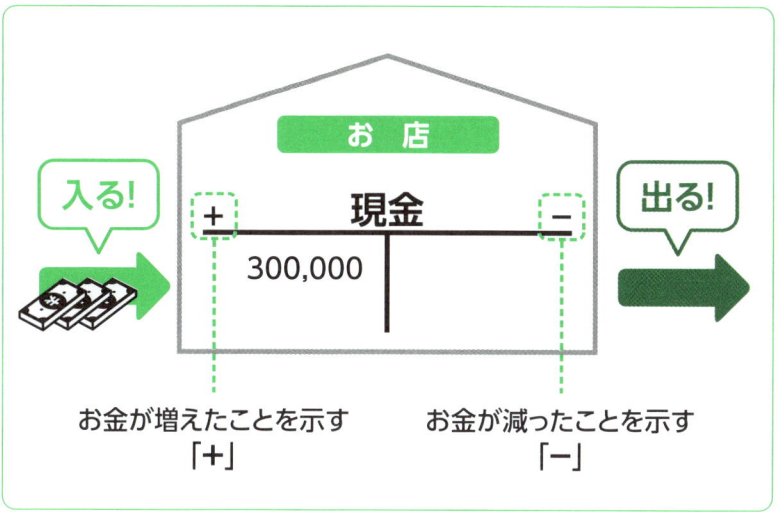

　お金が入ったり、出るときには、この竹とんぼに数字を書き入れます。これにはルールがあります。**お金が入ってきたら、竹とんぼの左側に金額と同じ数字を書き入れます**。まず、このことをしっかりと覚えましょう。これから簿記の勉強を進める上で、大切な基本です。

　また、どんな項目のお金が動いたのかを、竹とんぼのアタマであらわします。つまり、上の図を例にすると、**「お店」に「現金」で「30万円が入ってきた」**ことをあらわしています。

日本の簿記の父は一万円札？

古代ローマ時代に発明されたとされる簿記。日本には明治時代、アメリカの簿記の教科書を翻訳した「帳合之法」で入ってきました。訳者は福沢諭吉。お金には縁があるのですね。

03 準備資金が必要になったら?

自分で準備した開店資金だけでは足りなくなりそうな場合、頼りになるのが「銀行」です。だからといって、簡単にはお金を貸してくれません。では、どうすればよいのでしょうか?

keyword
融資(ゆうし)
個人や会社が、銀行などから必要な資金を調達すること

お店を始めるには必要な物がたくさんあるね。でも、準備資金が足りなくなったらどうしよう……?

お店を開店するには、必要な物を買い揃えるためのお金が必要です。ケイイチくんもコツコツと30万円を貯めました。しかし、お店の開店には、たくさんの物を買う必要があり、まだまだお金が必要です。自分で貯めたお金以外に、どのようにお金を調達したらよいのでしょうか。

たくさんの物が必要……お金は足りる？

お店を開くには、いろいろな物が必要です。ケイイチくんも何が必要かを確認したら、オーブンなどのケーキを作るための設備、配達するための自動車、事務用のパソコンなど、たくさんありました。これらを全部揃えると、コツコツ貯めた自己資金の30万円では足りません。

いざというとき、頼りになる銀行

ケイイチくんはお父さんに相談して、銀行で足りない分のお金を借りることにしました。でも、なぜ銀行はお金を貸してくれるのでしょうか？ 銀行には「みんなからお金を預かる＝**預金**」と、「集めた預金を人に貸してあげる＝**融資**」の、主に２つの役割があります。

お金を借りるには「信用」が必要

だからといって、貸したお金が返ってくる「信用」がなければ簡単にはお金を貸してくれません。信用してもらうには、たとえば次のような準備が必要です。

❶**事業計画**＝何のために、どんな商売で、どうやって稼ぐか。
❷**自己資金**はいくらあるのか。
❸もしものときに、処分できる**財産（＝担保）**があるか。
❹**支払いを保証してくれる人（＝保証人）**がいるか。

借り入れ＝悪いこと、ではない

お金を借る＝よくないというイメージもあると思います。でも、それは使う目的が間違っていたり、返せる能力を超えて借りた場合のこと。計画的に借りて使えば、商売繁盛に役立つのです。

第1章 必要なお金を用意する〜お店を開店するまでの準備

04 借りたお金が帳簿に記録されたよ

銀行からお金を借りたことで、開店の準備資金が増えました。では、そのお金は帳簿にどのように記録すればよいのでしょうか？ 現金に続いて、「竹とんぼのアタマ」が登場します。

keyword

預金（よきん）
銀行に預けているお金。普通預金と定期預金がある

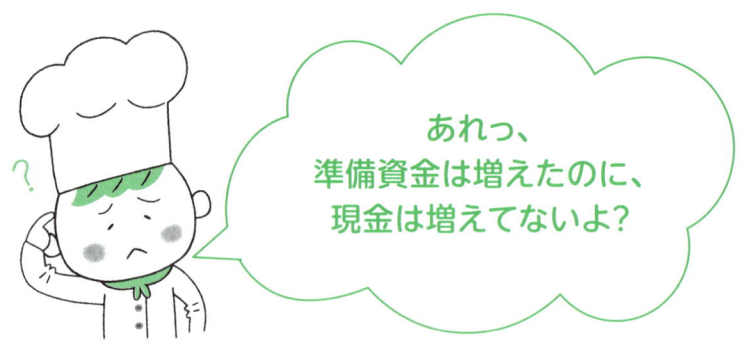

あれっ、準備資金は増えたのに、現金は増えてないよ？

お金を借りるために、銀行の人に事業計画を一生懸命説明したケイイチくん。数日後、貸してもらえるかどうかの審査結果を聞くために、再び銀行を訪ねました。銀行の担当者は、ケイイチくんにこういいました。「50万円、お貸しすることにしました！」これでまたケーキ屋さん開店に一歩前進です。

ケイイチくんの準備資金が80万円に

　銀行からお金を借りる場合、現金を手渡しするのではなく、預金口座に貸し出した金額が振り込まれます。ケイイチくんもお金が振り込まれたかどうかを融資実行日に銀行に確認に行きました。たしかに口座には50万円が振り込まれていて、通帳にも入金記録が記載されました。これで、ケイイチくんの自己資金30万円と合わせて、開店準備資金の合計額は80万円に増えました。

預金には主に2種類ある

　銀行から50万円が振り込まれたのは、ケイイチくんの普通預金口座でした。預金にはいくつか種類があります。その中で商売を始めるにあたって、最初に知っておきたい主なものは2つ。**❶普通預金**と**❷定期預金**です。
❶普通預金とは、お金を自由に預け入れたり、引き出したりできる便利な口座です。その分銀行から預金者への「お金を預けてくれてありがとう」というお礼である**利息**は少なくなります。逆に、**❷定期預金**はお金を自由に出し入れできず、長い間預けておかないといけないので不便です。でも、その分利息は多くなります。

難しい用語はなくても簿記は使える

簿記学習に挫折した理由に「用語の難しさ」を挙げる人も少なくありません。でも、専門用語を使わなくても、簿記は使えるようになります。ここまで本書で難しい用語は出ていませんよね？

竹とんぼの書き方を復習する

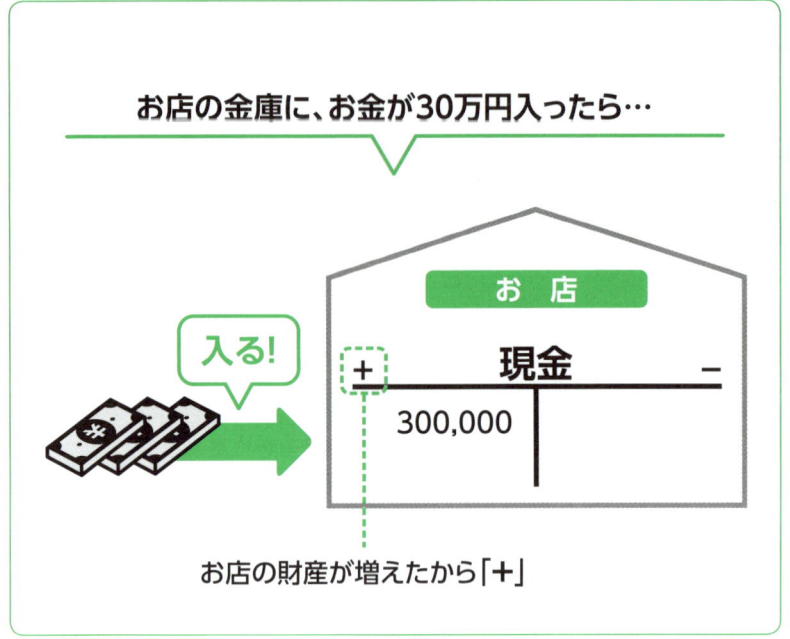

　まず、順番に復習をしましょう。お店で発生するたくさんのお金のやり取りを整理して、計算しやすくするために書くノート、これを**帳簿**といいました。帳簿を開くと、中にはたくさんのＴ字の図があります。このＴ字を、この本ではわかりやすく読み進められるように、「**竹とんぼ**」と呼ぶことにしました。

　この竹とんぼの書き方にはルールがあります。**お金が入ってきたら、竹とんぼの左側に金額と同じ数字を書き入れます**。また、どんな項目のお金が動いたのかを、竹とんぼのアタマであらわします。前に出てきたのは、ケイイチくんが自分でコツコツと貯めたお金30万円を、お店の金庫に現金で入れたとき。だから、竹とんぼのアタマは「現金」、竹とんぼの左側に300,000と書き入れました。

借りたお金を帳簿に記録する

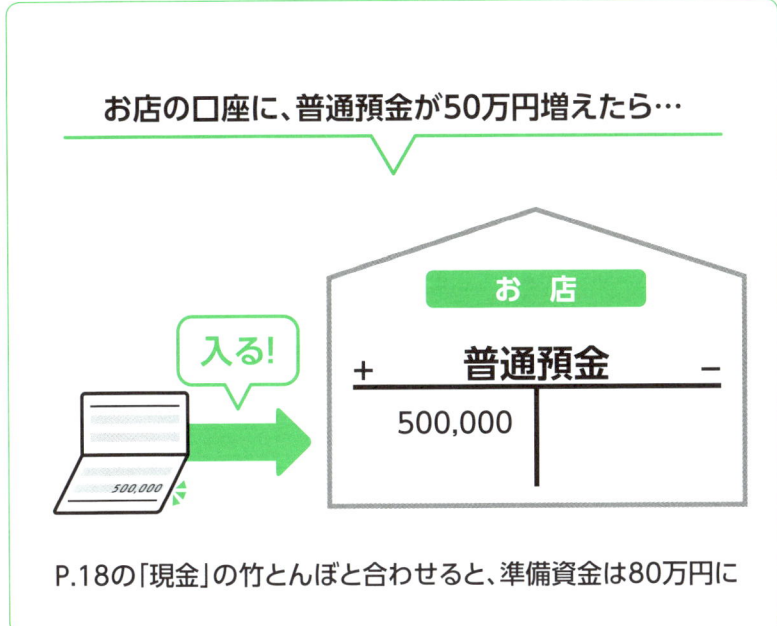

　ケイイチくんが銀行から借りた50万円を帳簿に記録します。書き方のルールは、現金のときと同じ。お金が入ってきたので、竹とんぼの左側に500,000と書き入れます。

　今回は現金でお金を借りてきたのではなく、**ケイイチくんのお店の普通預金口座に銀行から振り込まれました**。そのため、竹とんぼのアタマは「現金」ではなく、「**普通預金**」と書きます。すでに帳簿に記録したP.18の図を見てみましょう。アタマが「現金」の竹とんぼの左側には30万円。アタマが「普通預金」の竹とんぼの左側にも50万円と書かれていますね。これで**ケイイチくんのお店の開店準備資金は合わせて80万円**になりました。

05 どんな「モノ」が商売には必要？

商売に必要な「ヒト・モノ・カネ」の3要素のうち、「ヒト」と「カネ」を準備したケイイチくん。次は「モノ」を揃えます。限られたお金でモノを揃えるにはポイントがあります。

keyword

設備(せつび)
お店の活動のために必要な器具や機械

必要な「モノ」を買い揃えるぞ。さて、何から買えばいいのかな……？

銀行から50万円を借りたことで、お店の開店準備資金が80万円に増えたケイイチくん。ケーキ屋さんの商売をするためには、どんな「モノ」が必要なのかを一生懸命考えています。できるなら、あれもこれも全部買いたい。でも、準備資金は80万円しか使えない。どうしたらお金を無駄なく使って、効率よく「モノ」を揃えられるでしょうか？

商売をするには「モノ」＝設備が必要

「モノ」の種類

1. 建　物 ▶ 店舗、倉庫、事務所、工場
2. 機械装置 ▶ 工場で何かを作る機械、印刷機
3. 車　両 ▶ 配達用の自動車、トラック
4. 備　品 ▶ パソコン、机やイス、ロッカー、コピー機
5. 土　地 ▶ 店舗や事務所や倉庫などの敷地

　商売に必要な「モノ」とは、お客さんからお金をいただくための商品を作ったり、売ったり、届けたりするために必要な器具や機械・場所などのことです。これらを「**設備**」といいます。具体的には図の5種類に分類されます。簡単には持ち運べない大きい物や重い物が多いですよね。つまり、**設備とは一度揃えたら長く使えるものを指します**。商売によっては必要がないものもありますが、何かひとつでも足りないと商売に影響が出てしまう物ばかりですね。

将来の売り上げに貢献する

　設備を使うと、今だけではなく、正常に機能している間は、お客様に商品やサービスを提供し続けることができます。将来の売上に貢献しているともいえるでしょう。

お店に必要な設備を整理する

ケイイチくんに新たに必要な設備

- ❶ 建　物　＝　お店…**不要**
- ❷ 機械装置　＝　ケーキを作る厨房設備…**必要**
- ❸ 車　両　＝　配達用の自動車…**必要**
- ❹ 備　品　＝　パソコン、ケーキの陳列棚…**必要**
- ❺ 土　地　＝　お店の敷地…**不要**

　ケーキ屋さんを始めようとしているケイイチくんの場合、どのような設備が必要でしょうか？　前のページの５つの分類ごとに確認してみましょう。

　上の図のうち、お店は自宅１階を使うので、新たに揃えなくても大丈夫。敷地もケイイチくんの家の所有で、しかも駐車場もあるので❶建物と❺土地は揃いました。

　つまり、ケイイチくんは❷の厨房設備、❸の配達用の自動車、❹パソコンや陳列棚などを新たに揃えればいいわけです。ただし、すべての設備を新しく買い揃えていくにはお金がかかります。配達用自動車や厨房設備は、安くはないですよね。80万円でお金は足りるのでしょうか。お店を開くときには何かとお金が必要なもの。そんなときは、買う以外の方法もあるのです。

買えない「モノ」は借りる

買うと…
- 自分のものになる＝**所有**
- 自由に処分できる
- いつまでも、自由に使える

借りると…
- お金を払って使う＝**賃借**
- 期限がきたら返す
- 買うお金が足りなくても利用できる

　ケイイチくんは考えた結果、必要な設備のうち、ケーキを作る厨房設備と陳列棚は借りることにしました。また、配達用の自動車とパソコンは買うことにしました。では、このように判断したのは、どうしてでしょうか？　厨房設備や陳列棚はケイイチくんがお店をオープンしたら、長く使うことになるので、自由に処分できる「買う」よりも「借りる」を選びました。

「リース」と「レンタル」2つの借りる

　急に必要になったときや、一時的に短い時間借りてすぐ返すのを「**レンタル**」。計画的に長い時間借り続けるのを「**リース**」といいます。ケイイチくんの場合は、お店でずっと使うから「リース」になります。お店の陳列棚は長く使いますね。このように状況を考慮して借りるものを決めます。リースって、買うお金がないときには便利ですね。

06 | 設備を買ったらどう書くの？

お金が入ってきたときの竹とんぼの書き方は学びました。
では、物を買ったとき＝お金が出たときには、
どう書いたらいいのでしょうか？

keyword

財産
ざい　さん

お店や会社が所有する、お金や土地・器具など経済的価値がある物

配達用の自動車を
買ったけど…
帳簿にどう書けば
いいのかな？

　　ケーキ屋さんに必要な設備を揃えはじめたケイイチくん。配達用自動車を40万円で買いました。準備資金80万円の半分も使って大丈夫？　実はお父さんの友達の喫茶ＡＢＣのマスターが、ケイイチくんが作るケーキのおいしさを知っていたので、毎日50個買ってくれることになりました。そのケーキを配達するための自動車なのです。

設備を買ったときも「竹とんぼの左側」

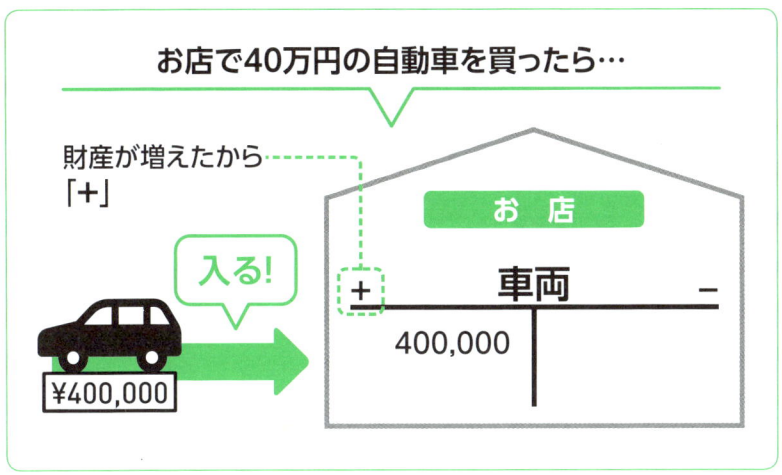

　お金が入ってきたときには、竹とんぼの左側にその金額と同じ数字を書き入れました。このルールは、普通預金に振り込まれたときも同じでした。違うのは竹とんぼのアタマが「現金」か「普通預金」かだけでしたね。

　設備を買ったときも同じです。お金を出して買ったことで、**ケイイチくんのお店の物（＝財産）として入ってきたので、書くところは竹とんぼの左側です**。数字は自動車を買った代金を書きます。40万円で買ったので、400,000と書き入れます。竹とんぼのアタマは「車両」と書いておきましょう。

商売成功の秘訣〜「得意や上手」を伝えておく〜

ケイイチくんが喫茶ABCのマスターにケーキのおいしさを知ってもらっていたように、自分の得意なこと、上手なことを誰かに知っておいてもらうことは、商売成功の大きな秘訣です。

07 パソコンを買ったらどう書くの？

お店に必要な設備を買い揃えてきたケイイチくん。
あとはパソコンを買うだけになりました。
このパソコンも忘れずに帳簿に記録しましょう。

keyword

備品
お店や会社で使う少し大きめの事務用品

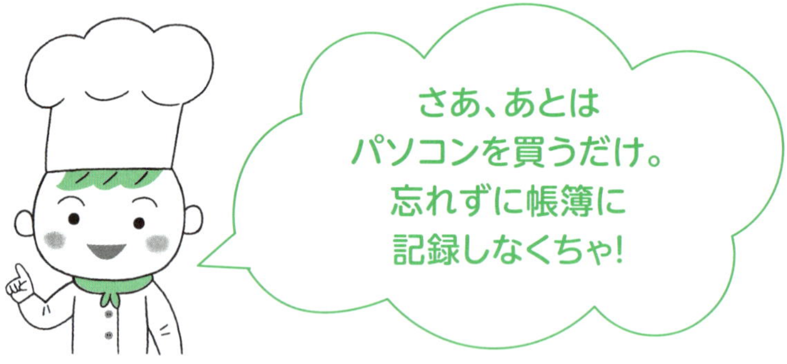

> さあ、あとは
> パソコンを買うだけ。
> 忘れずに帳簿に
> 記録しなくちゃ！

ケーキを作る設備ではありませんが、ケイイチくんはお店で使うパソコンを買うことにしました。このパソコンで帳簿を記入するのです。あれっ、帳簿はお店のお金のやり取りを記録するノートでは？　たしかにそうなのですが、お店のお金のやり取りを記録することが最も大切なことなので、ノートでなくてもいいのです。それにパソコンだと便利なこともあるのです。

パソコンでできる4つのこと

　アプリケーションを入れるだけでさまざまなことができるようになるパソコンですが、お店で使う場合には次の点が役に立ちます。
　❶計算が速くて正確。
　❷文章が作成できる。
　❸メールで連絡ができる。
　❹ホームページが作れる。
　計算が速くて正確だと、帳簿に記録した数字の計算には便利ですよね。計算が苦手なケイイチくんには大助かりです。実はケイイチくん、パソコンをほかのことでも利用しようと思っていました。

パソコンがお店で活躍する場面

　上記の中でも特に❷、❸、❹は具体的に以下のように役立ちます。❷文章が作成できるので、お店のメニューやポスター、パンフレットが自分で作れます。❸メールで連絡できるから、時間を気にしないで注文を出したり、受けたりできます。書かれている内容も確認できるから、ミスを減らすこともできます。❹ホームページを作れるから、お客さんに向けてお店の宣伝もできるのです。使い方次第で、お店に役立つことがまだまだありそうですね。

パソコンがあればお店から生中継もできる

　インターネットの普及で、お店の最新情報を誰でも発信できるようになりました。中には動画サイトを使って、お店のPRを店内から生中継する人もいます。

パソコンもお店の財産になる

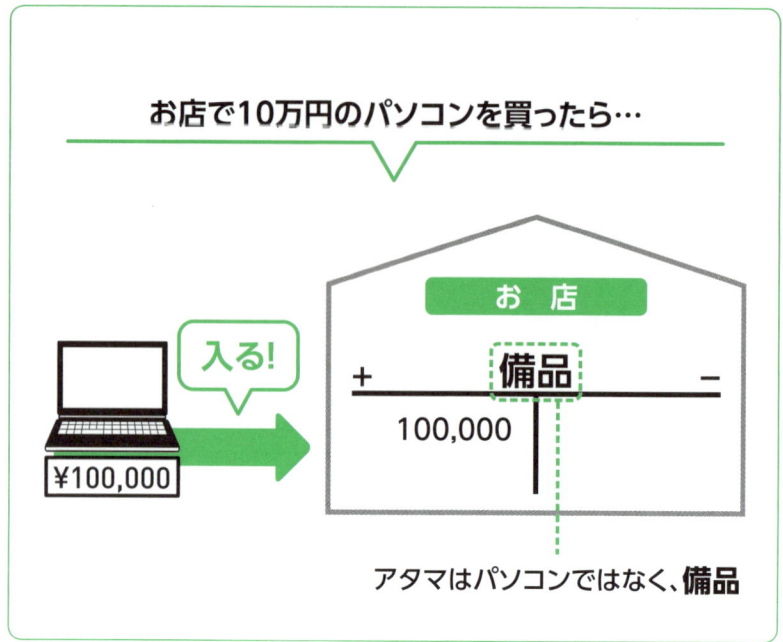

　パソコンもお店のお金で買った大事な備品。忘れずに帳簿に記録する必要があります。
　書き方は、配達用自動車を買ったときと同じです。**お金を出して買ったことで、ケイイチくんのお店の財産になりました。**書くところは竹とんぼの左側。財産が増えたので「＋」の方です。ケイイチくんはこのパソコンを10万円で買ったので、100,000と書き入れます。
　竹とんぼのアタマは、「パソコン」ではなく「備品」と書きます。あれっ、パソコンだとダメ？　……ではないのですが、竹とんぼのアタマをわざわざ「備品」と書き換えるには、次のような理由があるのです。

竹とんぼのアタマは同じ仲間でまとめる

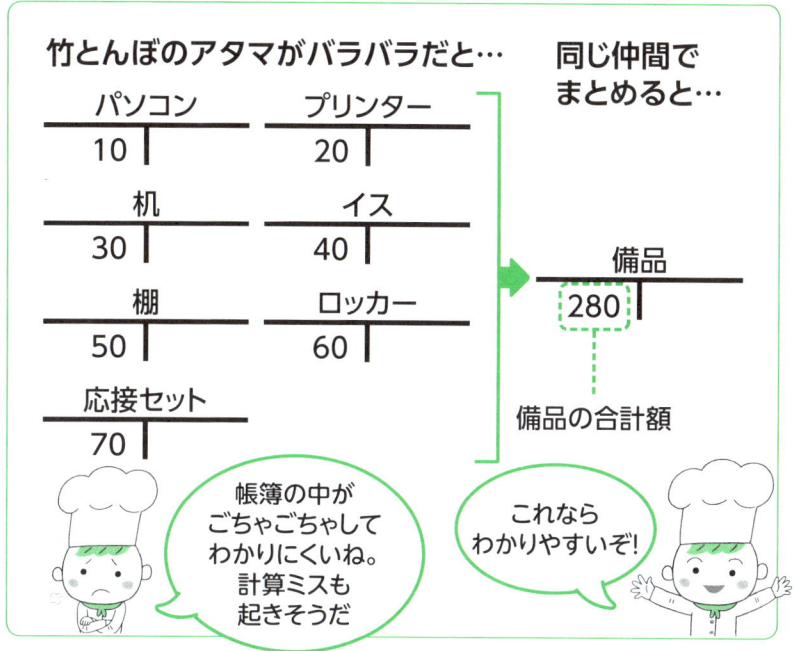

「備品」がどんなものを指すのかを確認しましょう。**備品とは、お店や会社で使う少し大きめの事務用品のこと**。具体的にはパソコンのほか、プリンターやロッカー、机やイスなどです。

たとえば、この事務用品ひとつひとつに竹とんぼを作っていたとしたら、計算するときに数字が多くなり、計算ミスが起こりやすくなります。

また、そもそもそこまで細かく竹とんぼにあらわす必要はないのです。むしろ、**備品という設備（＝財産）をどのくらい持っているのか**がわかればいいので、同じような設備をまとめて「備品」とあらわしているのです。竹とんぼに記入する数字も、設備にかかった金額をまとめて計算して記入するので、計算ミスも減ります。

08 お店でかかる費用って何？

大きな設備を買ったら、あとは開店してケーキを売って儲けるだけ……と、簡単にはいきません。ほかにも何かとお金が必要です。ここではお店でかかる費用について学びます。

keyword

費用(ひよう)
毎日の商売に必要なサービスを受けたときに支払うお金

日々の支払いや毎月の支払いだって、バカにならないぞ…

　ケーキ屋さんに必要な設備を買い揃えてきたケイイチくんは、ふと考えました。「設備以外にも、普段の細々(こまごま)とした支払いもあるよね……」。たしかに、店内を照明器具で明るくするには電気が必要ですし、使った調理器具を洗うには水道が必要。パソコンをインターネットに接続すれば、その料金もかかります。それ以外にもいろいろと支払いが必要なものがありそうですね。

3種類に分けられる費用

一口に「費用」といっても、その性質は3種類に分けられます。

1. **普段使う細々とした物の購入代金**
   例）ノート、えんぴつ、その他の文房具、コピー用紙、はがき…など。
2. **何かをしてもらったときのサービス代金**
   例）電車代、クリーニング代、電気代、修理代、従業員の給料。
3. **他人から物を借りて使ったときの使用料**
   例）家賃、駐車場代、レンタル代、リース代…など。

お店ってさまざまな費用を支払って経営しているのがわかりますね。

「費用」と「設備」の違いを確認するよ

設備と費用は、どちらも物を買ったり借りたりする点は同じなので、区別しづらいですよね。違いは、こう覚えましょう。

- **費用＝消費**：1回の支払金額が少なく、使った分だけ消えてなくなるもの。
- **設備＝投資**：1回の支払金額が大きくて長期間使う、将来の売り上げに貢献するもの。

たとえば、自動車は長く使うので「設備」、自動車を走らせる燃料は使ったらなくなるので「費用」です。

実はオフィスはリース品だらけ……？

コピー機やフロアマットなど、定期的に交換や点検にきてくれる人がいます。これは全部リースである証拠です。オフィスを見渡すと、思った以上にリース品に囲まれていることがわかります。

09 文房具を買ったらどう書くの?

お金や物が入ってきたら、竹とんぼの左側に書く。これはもう大丈夫ですよね。じゃあ、物を買うときに支払ったお金はどう書けばいいのでしょうか? 実はとても簡単です。

keyword
複式簿記（ふくしきぼき）
2つの竹とんぼを並べて関係性をわかりやすく記入する方法

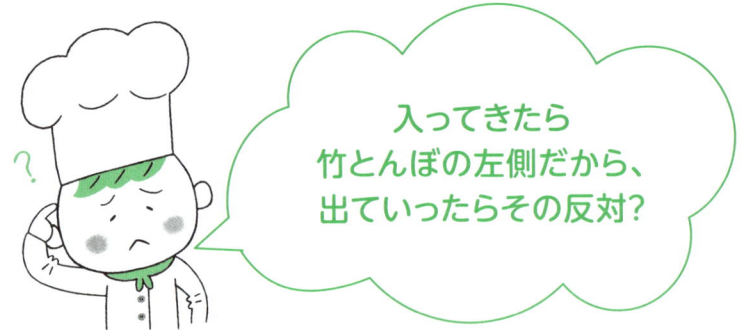

入ってきたら竹とんぼの左側だから、出ていったらその反対?

　毎日の商売に必要なものを確認したケイイチくん。大きな設備以外にも、細かな文房具を買い揃えることにしました。ノート、えんぴつ、ボールペン、コピー用紙……。文房具屋さんに行って、12,000円分の文房具を買ってきました。つまり、文房具代として「費用が発生した」もしくは「費用がかかった」わけです。

文房具を買ったときも「左側」に書く

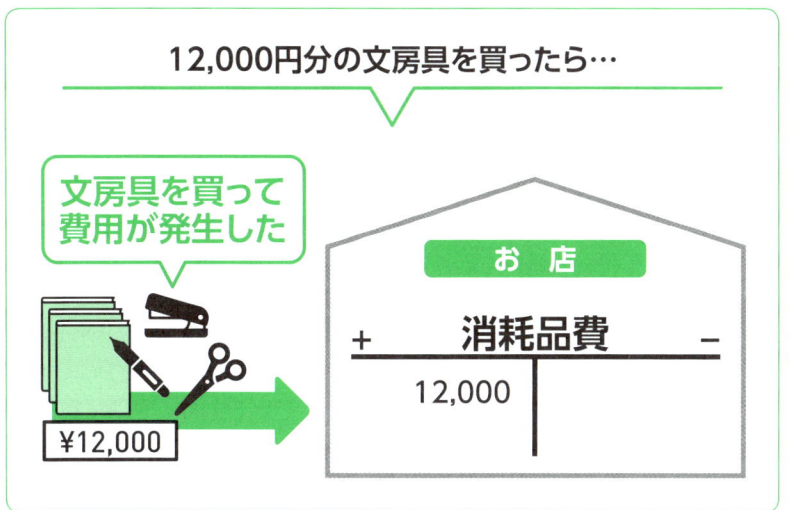

　一番覚えてほしいのは、「**費用が発生したら左側に書く**」ということ。物を買って財産が入ってくるのは、自動車やパソコンなどの大きな設備や備品を買ったときと同じです。そのため、竹とんぼの左側に買った金額と同じ12,000と書き入れます。ところが、竹とんぼのアタマが「文房具費」でも「費用」でもなく「**消耗品費**」となっています。どちらでも間違いではないのですが、使ったら消えてなくなってしまう小さな物＝消耗品費というグループで書くのが一般的です。

単式簿記のルールを徹底的に身につけよう

　1つの竹とんぼは単式簿記といいます。基本は「入ってきたら左側、出ていったら右側」。これを徹底的に身につけると、簿記がもっとわかりやすく、楽しく使いこなせるようになります。

お金を支払ったら、「右側」に書く

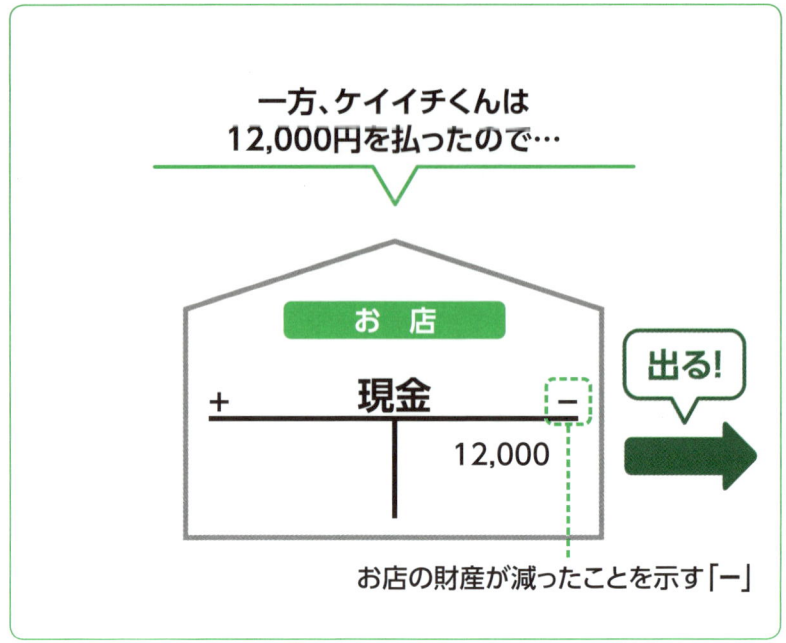

　ケイイチくんが開店資金の中から文房具を買うために支払った12,000円を帳簿に書いて記録します。初めて出てくるルールですが、簡単なのでしっかりと覚えてくださいね。
　お金が入ったら竹とんぼの左側に数字を書き入れていましたが、**逆にお金が出ていったわけだから、書く欄も逆側の右側に書けばいいだけ**です。あとは出ていった金額と同じ数字を書き入れて、竹とんぼのアタマに「現金」や「預金」など支払いの方法を書くだけです。ケイイチくんは文房具屋さんで買い物をして、開店準備資金の中から12,000円を支払いました。だから、竹とんぼの右側に12,000と、竹とんぼのアタマには「現金」と書きます。これで帳簿に現金12,000円を支払ったことが記録できました。

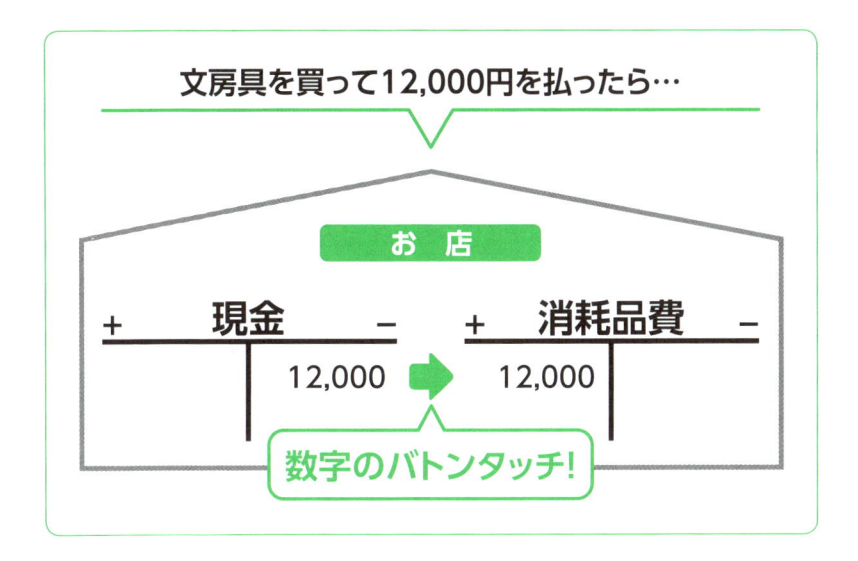

2つの竹とんぼを並べるメリット

文房具を買って12,000円を払ったら…

お店

+ 現金 −	+ 消耗品費 −
12,000	12,000

数字のバトンタッチ！

　現金12,000円で文房具を12,000円分買った。2つの竹とんぼを並べると関係がわかりやすくなります。

　左側の「現金」の竹とんぼから12,000円が出ていって、右側の「消耗品費」の竹とんぼに12,000円の文房具が入ってきた。言い換えると、現金12,000円を支払って、消耗品＝文房具を12,000円分買ったということ。

　つまり、左の竹とんぼから右の竹とんぼに**"数字のバトンタッチ"**がされました。この本では、2つの竹とんぼで数字が受け渡されることを"数字のバトンタッチ"といいます。

　この2つの竹とんぼを並記する方法を「**複式簿記**」といいます。複式簿記は、実はとても便利。たとえば、「消耗品費」の竹とんぼだけだと、消耗品を買ったことはわかるけど、支払い方法まではわからないですよね。でも、隣に「現金」の竹とんぼがあると、現金を支払って買ったということがわかるのです。**「結果」と「原因」が一目でわかるのが複式簿記**です。

10 | 物を借りると使用料がかかる

設備を揃えるには、買うほかに、借りるという方法があることは学びました。でも、借りるのにも費用はかかりますよね。
あらためて、借りたほうがよい場合を考えます。

keyword

リース
長期間にわたって設備を借りること

> 厨房設備や陳列棚は
> 買うと高いから、
> 借りられて助かったよ！

ケーキを作る厨房設備やでき上がったケーキを売るために並べる陳列棚は、買わないで借りることにしたケイイチくん。実はケイイチくんのお父さんの知り合いが、以前ケーキ屋さんをやっていたので、その設備を3年間、毎月5,000円ずつ支払って借りられることになったのです。開店準備資金が限られているので、買わずにすんで大助かりですね！

3つの借りるメリット

必要な設備を用意・調達する方法は、
1 買う
2 リース＝長期間借りる
3 レンタル＝短期間借りる
の3つがありました。また、借りる理由として、お金があまりないときでも設備を利用できることがありましたが、ほかにもメリットがあるのです。

❶ 設備の事務管理を貸す側の責任でやってくれることが多いので、管理コストが下がる。
❷ 条件によっては、契約期間内でも解約できる。
❸ 最後は貸主に返すので、廃棄処分を考えなくていい。

お店を開くには、どうしても必要な設備があります。でも、準備資金には限りがある。そんな場合、何を買って何を借りるのかを上手に選びましょう。

こんな物まで借りられる

ケイイチくんのように厨房器具などの設備、自動車や建物、土地などが借りられることは、自分たちの身近にあり、利用する機会もあるので、すぐに思い浮かぶと思います。でも、実は飛行機や船舶、電車なども借りられる＝リースされているのです。今の時代は、何でも借りられるのですね。

> **リースにはほかにも便利なことが**
>
> たとえば、自動車のリースの場合。本文で挙げたメリットのほかにも、使用料の中に自動車保険料や定期点検（＝車検）代金などが含まれるものもあります。この負担が減るのは大助かりですね。

11 | 使用料を払ったらどう書くの?

短期間借りるレンタルでも、長期間借りるリースでも物を借りたら使用料を支払います。では、どのように帳簿に記録すればいいのでしょうか? その書き方を学びます。

keyword
賃借料
ちんしゃくりょう
物を借りたお礼として支払う料金※

> あれ、お店はまだ開店前なのに、使用料を支払わないといけないの?

ケーキを作るための厨房設備を借りることになったケイイチくん。準備が楽になったと大喜びでした。それからおよそ1カ月。月末になったので借りた設備の賃借料を支払います。まだお店を開店していなくても、借りたものは借りた時点から賃借料が発生します。でも、そのおかげでケーキの試作ができますよね。

※リースの場合「支払リース料」ということもあります。

賃借料は「左側」に書く

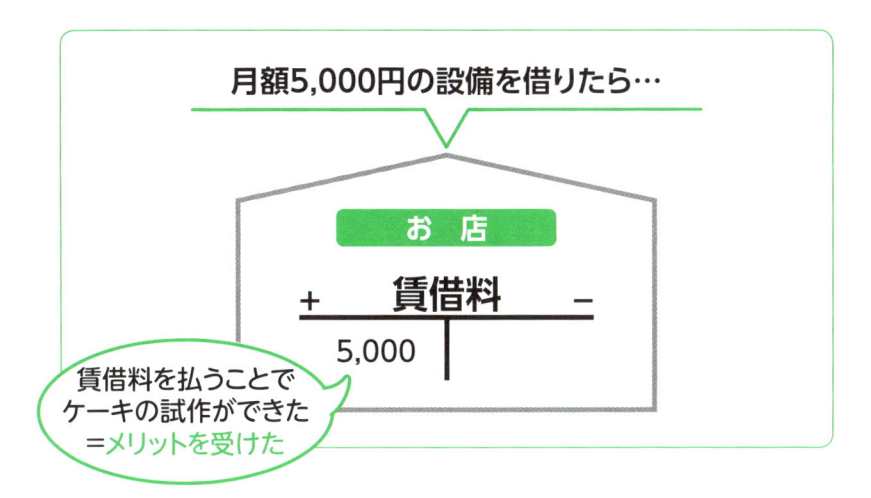

月額5,000円の設備を借りたら…

お 店

+ 賃借料 −

5,000

賃借料を払うことで
ケーキの試作ができた
＝メリットを受けた

　このお金も帳簿に記録しましょう。まず、毎月支払う賃借料は5,000円なので、その数字を竹とんぼに書き入れます。上の図を見ると**竹とんぼの左側に数字が書かれていて、竹とんぼのアタマは「賃借料」となっています**。ここでポイントです。どうして左側に数字を書くのでしょうか？　**賃借料とは「お金」ではなくて「借りたという行為」をあらわします**。借りた側は借りることでメリットを受けます。ケイイチくんの場合、厨房設備を借りることでケーキの試作ができました。つまり、**賃借料という「費用」が発生した**のです。費用が発生したら左側に書くのはP.33でも学びました。賃借料もそれと同じです。

ケイイチくんが２店舗目を出すとしたら？

2店舗目は、1店舗目の準備に加えて、お店を借りる、ケイイチくんの代わりになる店員さんを雇うことが不可欠です。準備に使うお金をなるべく抑えるには、リースのフル活用が有効です。

12 | お金の調達方法を考える

商売に必要な「ヒト・モノ・カネ」。そのうち「カネ」の集め方をあらためて確認します。まず「お金を借りる」ことの意味や借りるときの約束事などを学びます。

keyword

契約(けいやく)
人とお金や権利について約束すること

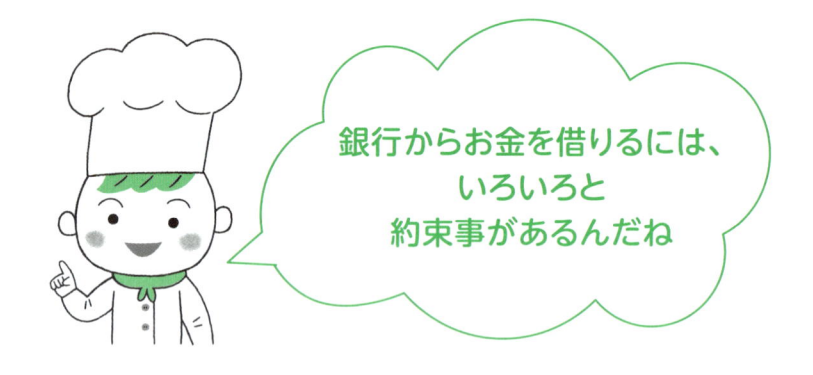

> 銀行からお金を借りるには、いろいろと約束事があるんだね

ケーキ屋さんを開店しようと思ったケイイチくん。銀行へ行って、一生懸命に事業計画を説明して、50万円を借りることができました。お店を開店するには、パソコンや配達用の自動車を買ったり、家賃や借りた厨房設備の支払いがあったりと、お金が次々に出ていってしまいます。そのためのお金を準備しようとしたのですよね。

契約書には約束の内容が書かれる

　ケイイチくんは銀行からお金を借りたとき、約束事が書かれた契約書を作っていました。契約書とは、人と約束したことを具体的に並べて書いた書類です。信用されたのなら、契約書をわざわざ作らなくてもいいのでは……とはいきません。大事なお金を借りたのですから、その内容を証拠として残しておく必要がありますね。
　その中身ですが、

- だれが貸して、だれが借りたのか。
- 貸し借りした金額はいくらか。
- 利息は何パーセントなのか。
- 返す日はいつなのか。

　などを書き残し、なくさないように大切に保管しておきます。こうすればどんな約束をしたのか、一目でわかりますね。

ケイイチくんが負う2つの義務

　この約束をしたことで、ケイイチくんには2つの「しなければならないこと＝義務」ができました。ひとつは、期限がきたら借りたお金を返さなければならない「**返済義務**」。もうひとつは、年○パーセントのように利息を支払わなければならない義務です。

ほかにもあるお金の調達方法

誰かにお金を出してもらう出資。株を発行し、世間に公開して出資者を集める。公的融資や助成金・補助金など、いろいろあります。実は商品を売ることも調達方法のひとつです。

13 | お金を借りたら どう書くの?

銀行からお金を借りたこともお金のやり取りですから、きちんと帳簿に書き残さないといけません。
借りたお金はどう書いたらいいのでしょうか?

keyword
返済義務（へんさいぎむ）
お金を借りたら負うことになる、お金を返す義務

> 50万円借りたから使えるお金が増えたけど、どうやって帳簿に書くのかな?

銀行から50万円を借りたことで、お店の開店準備資金はケイイチくんが自分で用意した30万円と合わせて、80万円になりました。P.17で出てきたように、融資実行日にケイイチくんの普通預金口座に振り込まれていましたね。だから、このやり取りは帳簿にしっかりと記録しました。次に銀行からお金を借りたことを帳簿に記録します。

「義務」の反対側には「権利」が発生する

　お金を借りたケイイチくんは、貸してくれた銀行に対して約束した日に返済しなければならない「返済義務」を負いました。一方で、ケイイチくんにお金を貸した銀行は、ケイイチくんから「お金を返してもらう権利」を持ちました。権利と義務。よく聞く言葉ですが、どういう意味でしょうか。

　義務とは、人に対して何かをしなければならないこと。そのため、断ったり逃げたりすることはできないのです。

　権利とは、人に対して何かを要求できること。お金を貸した銀行は、ケイイチくんに対して「お金を返して！」と強くいえる立場なのです。つまり、「義務＝マイナス、権利＝プラス」というイメージです。

「権利と義務」ほかの事例

　実はケイイチくん、アイドルのコンサートを観るのが大好きです。先日も5,000円のチケットを買ってコンサートを観てきました。実は、ここにも権利と義務の関係が成り立ちます。5,000円のチケットを買ったケイイチくんには「コンサートを観る権利」が発生し、アイドルには「歌を歌い、観客に聞かせる義務」が発生するのです。ひとつの事柄で、双方に対して、それぞれ反対の立場になる権利と義務の関係、しっかりと覚えてくださいね。

簿記はパズルだ

簿記を一言であらわすと、こんな感じです。金額をあらわす数字を、パズルのピースをはめるように、2つの竹とんぼのそれぞれ左右どちらかに入れるだけ。「難しい」は先入観です。

借りたお金を帳簿に書く

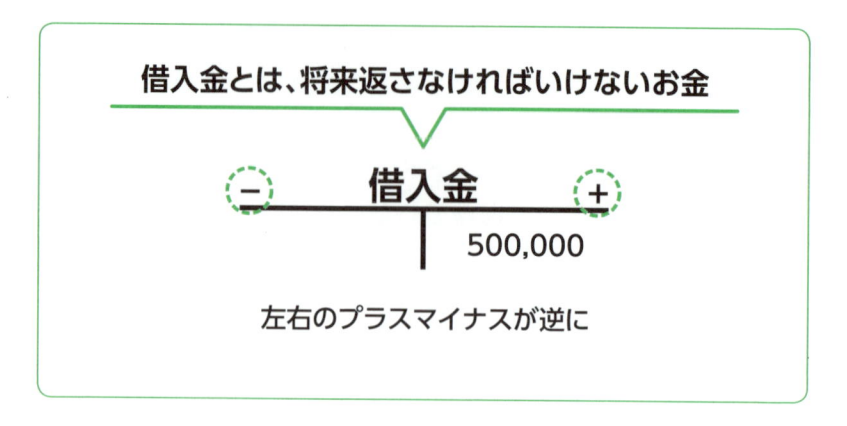

借入金とは、将来返さなければいけないお金

　−　　　借入金　　　＋
　　　　　　｜
　　　　　500,000

左右のプラスマイナスが逆に

　ケイイチくんにとって今回の50万円は、「銀行に返さなければならない」という返済義務をともなったお金。簡単にいえば借金ですから、いつかはすっきりゼロにしたいお金です。現金や預金が「あるとうれしい」プラスの性格を持ったお金だとすれば、**借り入れたお金は「あると悲しい」マイナスの性格を持ったお金**。同じお金でも、その性格は正反対ですね。

　この違いを踏まえて、借り入れたお金を竹とんぼにどのように書くか考えてみましょう。今までの帳簿を振り返ると、現金や預金の竹とんぼは「アタマの左側が＋、右側が−」というルールで書いてきました。でも、今から記録しようとしている借り入れたお金は、現金や預金とプラスマイナスの性格が逆。そのため、**竹とんぼのアタマも＋と−を逆にする**必要があります。「アタマの右側が＋、左側が−」の竹とんぼに直すのです。ただし、「お金が減ったら右側に書く」というルールは変わりません。竹とんぼの右側に500,000、アタマに「借り入れたお金」すなわち「借入金」と書き入れます。

　将来減ることが決まっているお金には、「アタマの右側が＋」の竹とんぼを使うと覚えておきましょう。

借入金を複式簿記で記録する

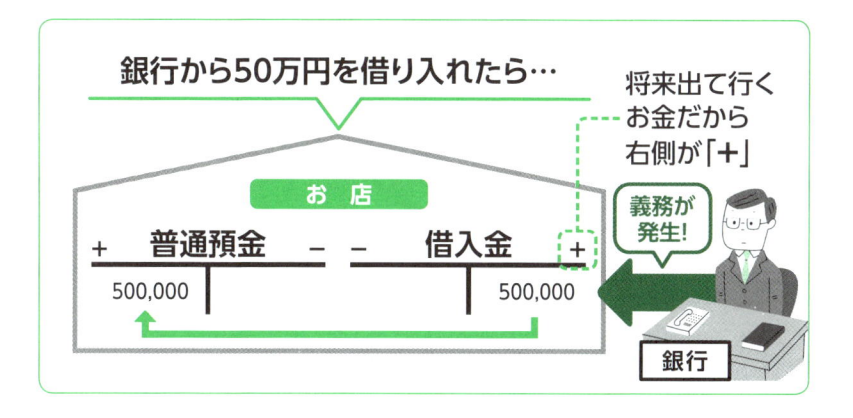

銀行から50万円を借り入れたら…

お店
+ 普通預金 － － 借入金 +
500,000　　　　　　　　500,000

将来出て行く
お金だから
右側が「＋」

義務が発生！

銀行

　以前帳簿に記録した「普通預金」の竹とんぼと並べてみましょう。右側の「借入金」の竹とんぼには、将来返さなくてはいけない、減ることが決まっているお金＝50万円が発生しました。一方、そのおかげでお店の普通預金口座に50万円が振り込まれ、お店で使えるお金が増えました。そのため、「普通預金」の竹とんぼの左側に、振り込まれた金額と同じ500,000を書き入れていたのです。これで**「お店の預金は50万円増えたけど、将来50万円を返す約束もしたよ」**という意味になりました。

複式簿記とは、うれしい、悲しい、映し鏡？

　2つの竹とんぼを並べると「結果」と「原因」がわかります。実はほかにも複式簿記の特徴はあるのです。それは**「簿記は映し鏡」**ということ。つまり、**「何かを得たら、何かを出す」**というルールがあるのです。お金が入ったら、竹とんぼの左側に数字を書き入れる。これは「うれしい」ですよね。でも、支払ったり返済すると「悲しい」。だから、2つの竹とんぼを並べたときは、それぞれの竹とんぼのどちらか片側に数字を入れるのです。

14 | 自己資金の意味を考えよう

元々自分で貯めたお金でお店を始めようとして、30万円をお店の金庫に入れたケイイチくん。その分、ケイイチくんとお店はただならぬ関係になったのです。果たして、その関係とは……

keyword
元入れ（もといれ）
商売の元手として店主がお店に入れた金額

> えっ、ボクには2つの顔があるの？

　ケイイチくんが貯金からお店の金庫に入れた自己資金は30万円。これを元入れといいます。銀行から借り入れたお金は50万円。どちらも開店準備資金ですが、性質が違います。借り入れは、返済しなければならないお金。返済時に利息を支払います。一方、資本は元々自分のお金だから返済しなくてもいいお金。利息を支払う必要もありません。

お店とケイイチくんとの大事な関係

　ケイイチくんが元入れしてお店をオープンして、自分でケーキを作って、売って、商売をしてお金を増やす。ケイイチくんのお店ですから、別に不思議なことではありません。けれども、実はケイイチくんには「2つの顔」があるのです。

　ひとつは、お店のオーナーとしての顔。これは元入れしたからこそです。もうひとつは、お店を切り盛りする社長としての顔です。

❶ 個人としてのケイイチくんが、お店に元入れして、そのお店のオーナーになる。
❷ お金を預かったお店の社長であるケイイチくんが、店主としてこのお金を活用しながらお店を切り盛りし、利益を出す。
❸ その利益の一部を、個人であるケイイチくんが生活費として受け取る。

　このような関係があったのです。

営利目的の裏側の意味

　商売をする目的は、2つありました。ひとつは公共。もうひとつは営利。この営利目的の「裏側の意味」は、**資本が増えた分の一部をオーナー（所有者）に分配すること**なのです。増えなければお金を分けてもらえないから、生活ができない。そのため、一生懸命に商売をしてお金を増やします。

> **ケイイチくんの給料の決め方**
>
> 個人事業では、事業主に対する給料という考えは存在しないので、儲けのすべてがケイイチくんのものです。とはいえ、先々の支払いなども考えると、全部を受け取れないのが現実でしょう。

15 自己資金を入れたらどう書くの?

ケイイチくんが一生懸命に貯めて元入れした大切な30万円も、お店の帳簿に記録しておかないといけません。
お金が増えたら報酬も欲しいですから。その書き方を学びます。

keyword

資本金(しほんきん)
資本(P.8)の金額をあらわしたもの

> 一生懸命貯めたお金を元入れしたから、ちゃんと記録しておかないと

ケーキ屋さんを開店するのに必要な設備の購入や費用の支払いなど、お金のやり取りをきちんと帳簿に記録してきたケイイチくん。そのお金の元になった借入金も帳簿に書きました。あとはケイイチくんが元入れした自己資金の30万円を書き入れるだけです。元々は自分のお金だからといって、いい加減に書くのはNG。元入れした時点で、お店の大切なお金の一部です。

資本金は「右側」に書く

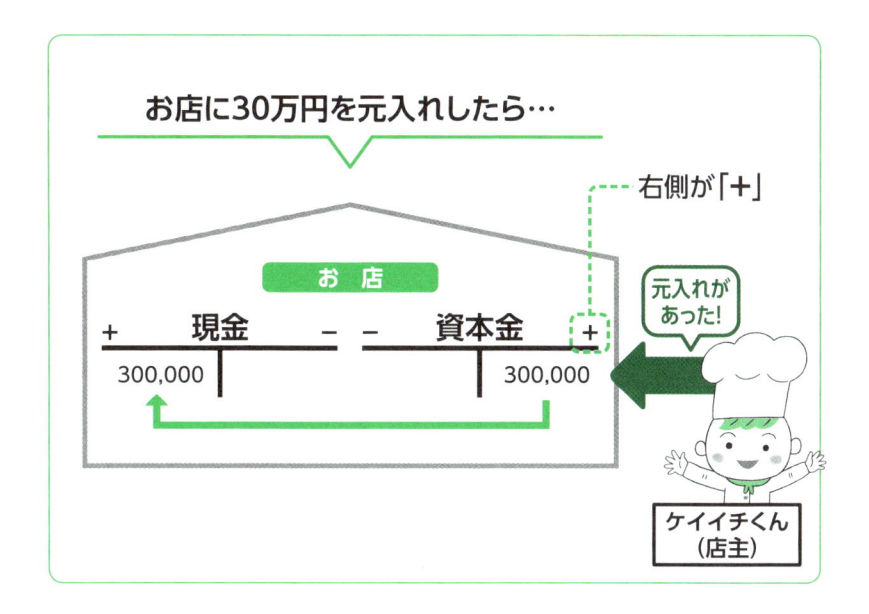

お店に30万円を元入れしたら…

右側が「+」

お 店

+ 現金 － － 資本金 +
300,000　　　　　300,000

元入れがあった！

ケイイチくん（店主）

　まず、竹とんぼのどちら側に数字を書き入れるのかを確認しましょう。このお金は借入金と違って、元々ケイイチくんのものなので、返済義務はありません。でも、お店に利益が出たら、元入れしたケイイチくんは利益の一部を受け取る権利があります。つまり、**資本金は将来出ていくことも想定されているお金です**。そのため、竹とんぼの右側にケイイチくんが元入れした金額と同じ300,000を書き入れ、資本金と書かれた**竹とんぼのアタマの右側は「+」になります**。

　竹とんぼのアタマには「資本金」と書きます。一方、「現金」の竹とんぼには、お金が入ってきたことを表すために、左側に300,000と書き入れます。

　このとき、注意したいのは、資本金の「金」の意味。これは「資本の金額」ということをあらわしています。

1章で学んだ 竹とんぼの ふりかえり

1章では、ケイイチくんがケーキ屋さん開店のための資金集めに奮闘し、この本での基本となる帳簿の書き方も学びました。この章で学んだ帳簿の中の竹とんぼをふりかえってみましょう。

＋　現金　－

お店や会社に財産が入ってきたら、左側「＋」

お店や会社から財産が出て行ったら、右側「－」

一番身近な、紙幣や硬貨といったお金。開店に必要なものを買うときに支払ったり、ケーキを買ってくれたお客さんから代金として受け取ったりします。

＋　普通預金　－

銀行の口座に預けてあるお金。普通預金なら、いつでも好きなときに引き出せます。定期預金は、一定期間預けておく必要がありますが、そのぶん利息が多く付きます。

＋　車両　－

自転車や自動車もお店の大切な設備のひとつ。「設備」とは、商売に必要な物の中でも比較的大きくて高価な、一度手に入れたら長く使える物のことです。

＋　備品　－

パソコンやプリンター、机、イスといった、設備の中でも大きめの事務用品のこと。車両などほかの設備と同じく、現金や預金とともにお店の「財産」となります。

```
+    消耗品費    −
```
> 消耗品を買うためのお金。「消耗品」とは、商売に必要な物の中でも比較的小さくて安価な、しばらく使ったらなくなってしまう物のこと。

```
+    賃借料    −
```
> 設備を借りるためのお金。オーブンや陳列棚など高価な設備や、たまにしか使わない設備は、買うよりも借りる方が賢い選択です。メンテナンスの手間も減らせます。

右側がプラスになる「アタマ」

```
−    借入金    +
```

将来出て行くお金が減ったら、左側「−」

将来出て行くお金が増えたら、右側「+」

> 銀行から借り入れているお金。期日までに返さなければならない、つまり**将来出て行くことが決まっているお金なので、預金とは逆に「右側+」のアタマを使います。**

```
−    資本金    +
```

> 金庫に入れて個人のお金と区別した、いわばお店のお金。商売が成功して資本が増えたら、一部は資本金を出した人に報酬として分けるので、将来出て行くお金です。

コラム

初公開！キッズBOKIの教え方

　まえがきでも述べたように、この本は筆者が小中学生向けに開いている「キッズBOKI」という簿記教室の教え方を元にしています。
　簿記というと、どうしても難しいイメージを抱かれがちです。そもそも「簿記」という漢字からして小難しい。すでに入り口のところから人を遠ざける気満々としかいいようがありません。そのため「少しでも最初から難しい印象を与えない」という思いも込めて、子ども向けの簿記には「ＢＯＫＩ」とアルファベット表記しているのです。

　ＢＯＫＩ（簿記）の大事なルールはたったふたつだけです。
ルール１. お金が入ったら「現金」という竹とんぼの左に金額を書く、出たら右に書く
ルール２. その原因をあらわす竹とんぼの反対側（右・左）に同じ金額を書く

　加えて、キッズBOKIの教え方にはこんな特徴があります。
❶主人公が、ケーキ屋さんを開店するストーリー仕立ての設定
❷難しい会計用語はなるべく使わない
❸学習比率を大逆転！　８割は背景や商売の知識
　➡従来の学習の中心だった「仕訳(P.108)や転記」は全体の約２割

　元々、簿記は実際の商売の中で使うもの。子どももお店でお金を支払って、物を買う経験はしていますし、職業や社会に対しての興味は持っています。ですから、ストーリー仕立てにして、身近にある事例で説明すると、関心を持ってくれます。
　子どもたちが短時間のうちに、大人でも尻込みするような会計用語を使って楽しそうに会話を交わせるようになるのを見て、親御さんの中には「自分の子供じゃないみたい！」と驚嘆する方もいらっしゃるくらいです。

　それでは、この先もあなた自身が「ケイイチくんになった」つもりで、読み進めてみてください。

第 2 章

本日開店
いらっしゃいませ！

～開店から1日の集計まで

> ついにキッズベーカリーがオープン！
> お店では、ケーキの材料を仕入れたり、
> 売ったお金を記録したり、
> やることがたくさんあるんだ。
> この章では、1日の営業に必要な
> 仕入れや売上の集計をするよ！

16 ケーキの材料を買うよ

お客さんに物を売らないと、商売は成り立ちません。
ケイイチくんの場合、まずケーキを作らないと始まりません。
ケーキを作るための材料をどこから買えばいいのでしょうか？

keyword

仕入れ
物を作るために必要な商品や材料を買い入れること

> 困ったなぁ。
> ケーキを作るために使う
> いろいろな材料は
> どうやって揃えたら
> いいかなぁ……？

ケーキ屋さんの開店を目前に控えて、準備に忙しいケイイチくん。そんなケイイチくんの前に、新たな仲間が登場します。食品卸○○屋の２代目です！　ケイイチくんの幼なじみで、いずれ会社を継ぐために現場で仕事に励み、商売を学んでいます。ケーキを作るためには、材料が必要ですよね。その材料を毎日届けてくれるのが、この○○屋の２代目です。

材料も「モノ」の一部

　商売で必要なのは「ヒト・モノ・カネ」の３要素。また、そのうちの「モノ」はお店で使う器具などの設備、パソコンなどの備品と前に学びました。実は、ケイイチくんが作るケーキも、ケーキを作るための材料も「モノ」に含まれます。なぜなら、ケーキという「モノ」を売ってお客様からその代わりにお金をいただくというやり取りが商売だからです。「モノ」がなければ、商売は成り立ちません。

卸売ってなんだろう？

　ケーキを作るためには、たとえば生地を作るための小麦粉、生クリームを作るための砂糖やミルク、デコレーション用のいちごやチョコレートなどの材料が必要です。もちろん、ケイイチくんが自分で買い揃えることもできますが、たくさんの種類の材料を毎日買いにいくのはひと苦労。その後にケーキを作っていたのでは、お店の開店時間に間に合いません。ですから、その代わりをしてくれるのが卸売（問屋さん）なのです。

　卸売は、さまざまな食品や材料を工場などから買って、必要とする飲食店などに売り届けることをやっています。材料を売る工場側からみても、ケイイチくんのようなケーキ屋さんが毎日たくさん買いに来たら、うれしいけれどきっと大変ですよね。

卸売業と小売業、何が違う？

卸売業のお客さんは業者であり、小売業のお客さんは個人などの消費者です。○○屋は卸売業ですね。なお、卸売業も小売業も次のページで紹介する「商業」です。

「材料」と「商品」　2種類の仕入れ

　ケイイチくんは〇〇屋さんから「材料」を仕入れています。実は仕入れにはもう1種類あります。それは「商品」の仕入れです。材料とは、ケーキの原料。商品とは、喫茶ＡＢＣがケイイチくんから仕入れる完成したケーキのことです（P.24）。

　この2種類の仕入れは、何が違うのでしょうか？　そのヒントは、「**工業**」と「**商業**」の違いです（次ページ参照）。「工業」は、仕入れた材料に手を加えます。これを加工といいます。加工して完成したものを「製品＝製造した品」といいます。製品を作り、販売することを「工業」と呼びます。「工業」だと、機械や鉄板など食べられないものを想像しがちですが、食べ物も「食品工業」という工業なのです。

　一方、そのまま売れる状態のもの＝商品を仕入れて売ることは「商業」に分類します。加工するためや売るために材料や商品を買い入れることを「仕入れ」といいます。ですから、ケイイチくんが作ったケーキでも、**ケイイチくんのお店では「製品」を売り、喫茶ＡＢＣでは「商品」を売る**ことになるのです。

工業と商業の違い

材料に手を加える（加工する） → 完成させて製品にする	**工業**
そのまま売れる物（完成した品物）を仕入れて売る	**商業**

　商品を売る商業の場合、たとえばAという商品をいろいろなお店で売っているということが多くあります。お客さんからすれば、必ずしも毎回同じ店で買わなくてもよいということです。でも、お店にしたら、お客さんが買ってくれなくなったら一大事。だから、安売りをしたりポイントをつけたりするなどサービスをして、お客さんにお店にきて、買ってもらうための努力を一生懸命しているのです。つまり、**商業は買ってくれるお客さんを集めることが大切**だということです。

　この点、工業だとお店オリジナルの製品を作り、売ることもできるので、ほかのお店とは違った点をアピールしやすいという特徴があります。

　商品を仕入れて売るのか？　材料を仕入れて、物を作って製品を売るのか？　お客さんに物を売らないと商売は成り立たないことは同じでも、両者はずいぶんと違うのです。

17 | 材料を仕入れたら どう書くの?

卸売の○○屋さんから、毎日材料を届けてもらうことになったケイイチくん。幼なじみといっても、そこは商売。当然、お金のやり取りがありますから帳簿に書き残さないといけません。

keyword
納品書（のうひんしょ）
商品を納入する際に提出する、商品の明細が記入された書類

> 2代目が材料を届けてくれたよ！でも、一緒に置いていった紙はなに？

い　よいよキッズベーカリー開店の当日。約束通り朝早く、○○屋さんの2代目がケーキを作るための材料を届けてくれました。これでケーキを作って、商売を始めることができます。その○○屋さん、ケーキの材料と一緒に「納品書」を置いていきました。でも、納品書ってなんだろう？　書いてあること、使い方を学びます。

仕入れの把握に必要な納品書

○○屋は商品と一緒に、納品書も渡します。

納品書

20XX年4月1日

キッズベーカリー様

商品名	数量	単価	金額
生クリーム	…	…	1,500
小麦粉	…	…	1,000
⋮			⋮
合　計			**8,640**

これが材料の内訳です！

食品卸の○○屋

これでいつ、何を、どれだけ買ったかがわかるね♪

　納品書とは、品物を届けたときに納品先に置いてくる書類のことです。いつ、何を、何個届けたのか？　1個あたりの金額と、そのときに納品した合計金額が書かれています。では、どうして必要なのでしょうか？

　たとえば、ケイイチくんのお店では毎日ケーキを作るので、減った分の材料を補充しないといけません。仕入れの回数が多くなることは、それだけケーキが売れたということです。もしその記録を残しておかないと、仕入れのお金を支払うときに困りますね。正確な個数や正しい金額が出せないと、ケイイチくんと○○屋さんとの間のトラブルのもとになってしまいます。そういうことを避けるためにも、納品書はちゃんと受け取って、大切に保管する必要があるのです。

仕入れた金額を帳簿に書く

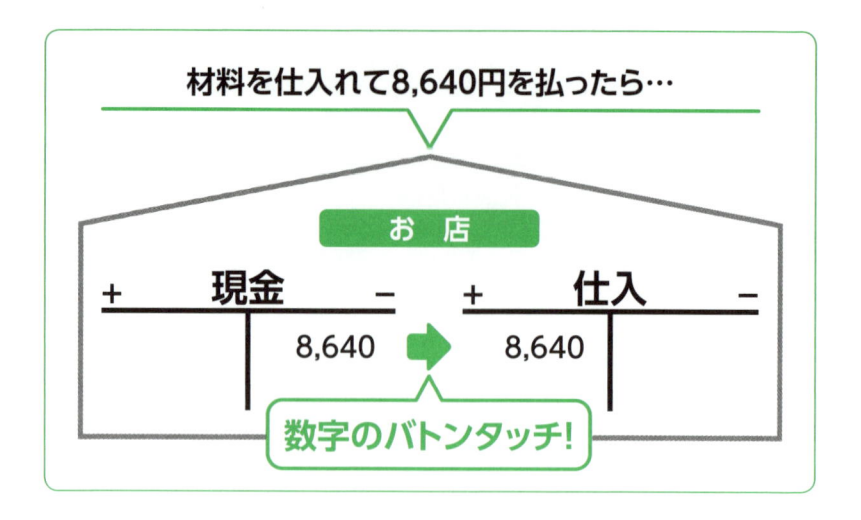

材料を仕入れて8,640円を払ったら…

お店

＋ 現金 －   ＋ 仕入 －

8,640 ➡ 8,640

数字のバトンタッチ！

　仕入れた金額を帳簿に書き入れてみましょう。まず、ケイイチくんは○○屋さんから材料を仕入れました。そのため、竹とんぼのアタマは「仕入」と書きます。**材料を仕入れたので、左側**に仕入れの合計額、8,640円を入れます。材料はいくつかありますが、ひとつひとつの材料の金額を書き入れなくても大丈夫です。
　一方、材料を仕入れるために**現金で8,640円を支払ったので、竹とんぼのアタマが「現金」の右側**に8,640円と入れます。減ったり出ていくなどの場合は、右側ですよね。

仕入れを間違えるとお店はピンチに！

仕入れの量は、過去のデータなどを参考に、季節や催事に応じて変えるのが賢明です。必要以上に仕入れて、使わない、売れないでは利益が減りますね。これではお店もピンチになります。

仕入れも「費用」になる

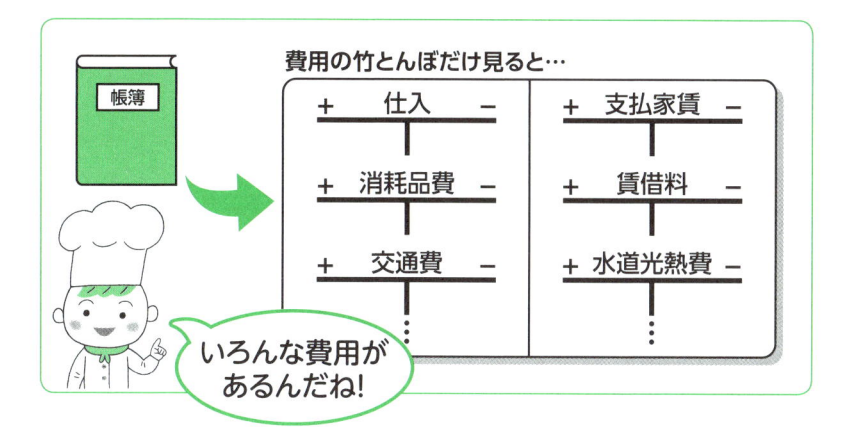

費用の竹とんぼだけ見ると…

```
+  仕入  −      +  支払家賃  −

+  消耗品費  −  +  賃借料  −

+  交通費  −    +  水道光熱費  −
```

いろんな費用があるんだね!

　ケイイチくんが仕入れた材料も、実は「費用」になります。さて、費用がどういう性質か覚えていますか？　毎日の商売に必要な支払いが費用でした（P.30）。
具体的には、

❶ ボールペンやトイレットペーパーなど、
　普段使うこまごまとした物の購入代金（消耗品費）
❷ 電車代やクリーニング代など、何かをしてもらったときの
　サービス代金（旅費交通費）、（衛生費）
❸ レンタカーなど、他人から物を借りて使ったときの使用料
　（賃借料）

がありました。
また、その特徴は

■1 1回の支払金額が小さい
■2 使った分だけ消えてなくなる
■3 今の売り上げに貢献するもの

でしたね。つまり、ケイイチくんが仕入れた材料は、ケーキを作るためにすぐに消費されてなくなってしまうから「費用」になり、納品書という記録を残すことが大切なのです。

18 | ケーキを喫茶ABCに配達するよ

ケイイチくんのお店がいよいよ開店！ でも、その前に喫茶ABCへケーキ50個の配達があります。お店にきてくれるお客さん以外にもケーキを売ることのよい点を学びます。

> **keyword**
> **B to B**
> ビー トゥー ビー
> 会社やお店相手に商品を売ること。商売人同士の取引

> さぁ、いよいよ開店……
> とその前に、
> 喫茶ABCにケーキを
> 配達しなくちゃ！

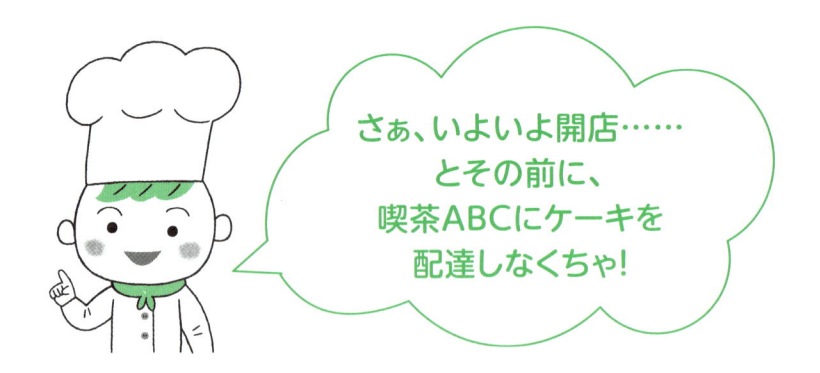

いよいよケイイチくんのケーキ屋さん開店の当日。朝早くから○○屋の2代目が届けてくれた材料で、商品のケーキを焼きました！ さぁ、これでいよいよお店を開店！ とはいかないようで、開店する前に喫茶ABCにケーキを毎朝配達することになっています。喫茶ABCは毎日ケーキを買ってくれる大切なお客様なのです。

2種類の商品の売り先

　仕入れには2種類あることは、P.56で勉強しました。実は商品を売る相手も2種類あるのです。ケイイチくんの場合、喫茶ＡＢＣと、お店にくるお客さんを相手にケーキを売りますね。このように、会社やお店相手に商品を売ること。つまり、**商売人同士の取引をB to B。個人のお客さん＝消費者相手に売ることをB to C**といいます。Bはビジネス（Business）、Cはカスタマー（Customer）、またはコンシューマー（Consumer）をあらわします。

B to Bの特徴

　ケイイチくんと喫茶ＡＢＣの取引を思い出しながら考えてみましょう。喫茶ＡＢＣは毎日50個のケーキを買ってくれます。お店にくるお客さんが、毎日50個買ってくれることはなかなかないですよね。1回の売り上げ数が多いということは、売り上げを確保しやすくなり、お店の経営が安定します。

　商品をたくさん買ってくれる人には、その分1個当たりの値段＝単価を少し安くしてあげて、サービスをすることも有効です。ケイイチくんは、お店で1個300円で売るケーキを、喫茶ＡＢＣには210円で売っています。210円でも50個売れれば、10,500円の売り上げになります。300円で2個買ってくれるお客さん18人分10,800円と同じくらいの売り上げになるのです。

商売繁盛の秘訣　〜待つだけじゃなく売りに行く〜

お店でお客さんがくるのを待っているだけでは、きたお客さんが買ってくれる以上には、商品は売れません。自分の商品を買ってくれるお客さんを探して売りに行くのも、大切な経営戦略です。

19 | 喫茶ABCへの売り上げはどう書くの?

毎日50個のケーキを買ってくれる喫茶ABC。ケイイチくんのお店の安定経営を支えてくれる、ありがたいお客さんです。この売り上げも帳簿に書き残します。

keyword
収益(しゅうえき)
「売上」などのお店の活動で得た収入

> 喫茶ABCさん、毎日たくさん買ってくれてありがとう!これも帳簿に書かないとね

毎日お店の開店前に、喫茶ＡＢＣにケーキ50個を配達することになっているケイイチくん。配達したときに、マスターに渡している紙があります。それは……納品書です。商品を届けたら、いつ、何を、何個届けたのか? 単価はいくらで、合計はいくらなのかを記録します。納品書は、帳簿に正確に書き残すために大切な書類です。

喫茶ＡＢＣへの売り上げを帳簿に記入する

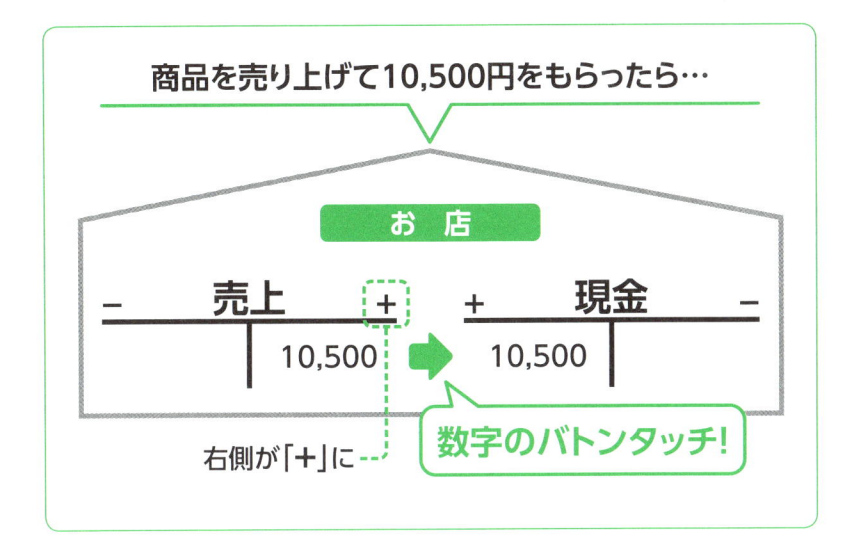

商品を売り上げて10,500円をもらったら…

お 店

− 売上 ＋ ｜ ＋ 現金 −
　　　10,500 ➡ 10,500

右側が「＋」に　　数字のバトンタッチ！

　喫茶ＡＢＣにケーキ１個210円で売っているケイイチくん。それを50個配達して、現金10,500円を受け取ってきました。このお金のやり取りを帳簿に記録しましょう。

　まず、アタマが「現金」の竹とんぼ。現金10,500円が入ってきたので、左側に10,500と書き入れます。現金が入ってきた代わりに、商品やサービスを提供して売り上げた。つまり、**アタマが「売上」の竹とんぼの右側に10,500と書きます。**

お客さんがいないのに成り立っているお店の不思議

実はお店にきてくれる人以外のお客さんがいるのです。たとえば、動物のエサをまとめて納入している八百屋さんや、配達弁当をメインにする食堂など、探すといろいろとありますよ。

「売上」の竹とんぼ、アタマの右側が「＋」の理由

　お金が増える「原因」になる「売上」の竹とんぼ。そのアタマは右側が「＋」、左側が「－」です。最初に学んだ「現金」の竹とんぼと違い、**アタマの右側に「＋」がくるときは、何かが減る・出ていくことが決まっているときに使います**。ケイイチくんの場合、お金を得るためにケーキという商品を出す。言い換えると、お客さまに奉仕して「売上」があったから、お金が入ってきたのです。そのため、アタマの右側が「＋」になるのです。

アタマの右側が「＋」の仲間たち

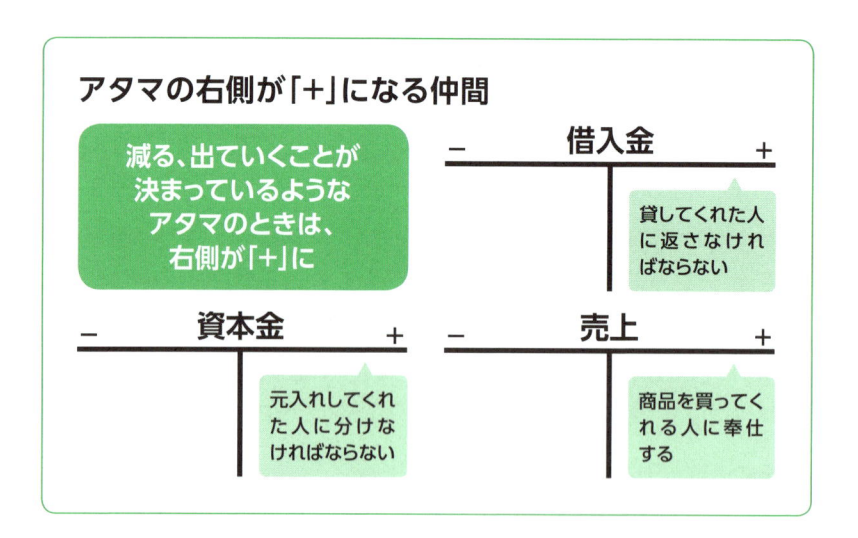

アタマの右側が「＋」になる仲間

減る、出ていくことが決まっているようなアタマのときは、右側が「＋」に

－　借入金　＋
貸してくれた人に返さなければならない

－　資本金　＋
元入れしてくれた人に分けなければならない

－　売上　＋
商品を買ってくれる人に奉仕する

　竹とんぼのアタマの右側が「＋」になる仲間が、1つ増えましたね。全部集めると、「**借入金**」「**資本金**」「**売上**」の3つです。「借入金」は、貸してくれた人への返済義務があり、「資本金」は儲かったら元入れしてくれた人に一部分ける約束を含みます。アタマの右側が「＋」になる仲間、覚えてください。

復習・左右2つの竹とんぼの関係

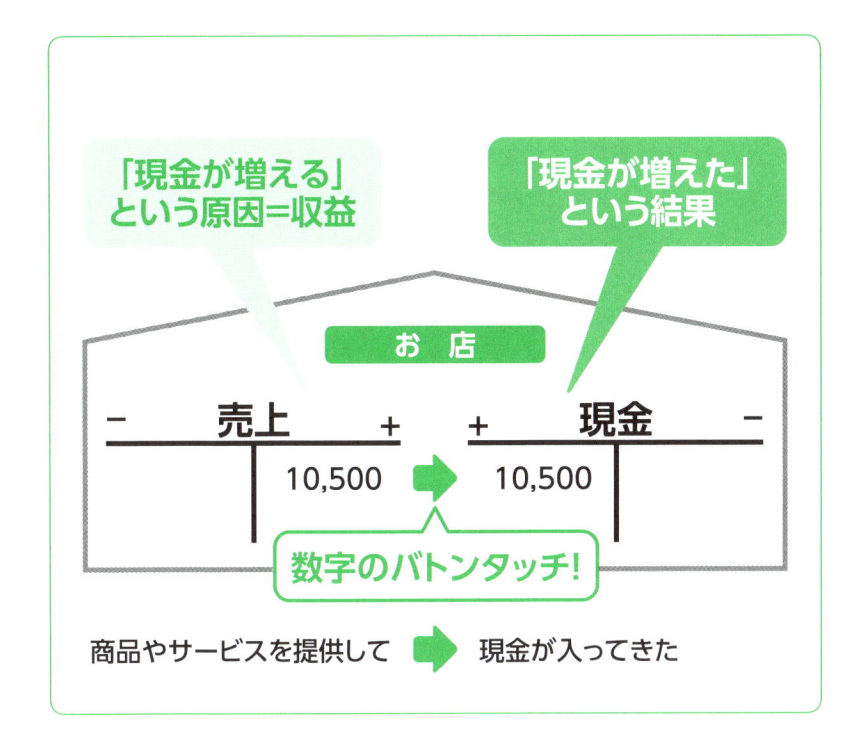

「現金が増える」
という原因＝収益

「現金が増えた」
という結果

お 店

− 売上 ＋　　＋ 現金 −
　　　10,500　　　10,500

数字のバトンタッチ！

商品やサービスを提供して ➡ 現金が入ってきた

　2つの竹とんぼを並べる「複式簿記」の書き方は、もう慣れてきましたね。復習として2つの竹とんぼの関係を考えてみましょう。

　まず、アタマが「現金」の竹とんぼに10,500円が入ってきた。これは現金が増えたという「結果」をあらわしています。ということは、左の「売上」は現金が増える「原因」になります。原因とは、商品やサービスを提供することです。

　つまり、**この複式簿記には「原因」と「結果」の関係がある**ことがわかります。この点をしっかり理解しておくと、簿記がとってもわかりやすくなりますよ！　そして、このお金が増える原因のことを「収益」といいます。

20 お店でケーキが売れたよ

念願だったケーキ屋さんをいよいよ開店したケイイチくん。
開店記念として、あるサービスをしました。
でも、そんなサービスをしちゃって大丈夫なの?

keyword
サービス
お客さんをもてなすこと、値引きやおまけをつけること

> 開店記念に、3個買ってくれたら1個サービスしますよ。

いよいよお店がオープン! その10分後、1人のご婦人が店内に入ってきました。初めてのお客さんです。実はケイイチくん、開店記念として3個ケーキを買ってくれたら、さらに1個、サービスでおまけすることを考えていました。そのことをご婦人に伝えると、3個買ってくれました。初めてケーキが売れましたね。ケイイチくん、開店おめでとう!

ケーキ1個のおまけをする理由

お店がおまけをするのは、
❶感謝の気持ちを伝える。
❷ケーキを食べて喜んでもらい、またお店に来てもらう。
　つまり、長い付き合いになることを願って。
❸気に入ってもらって、お店のことを口コミで広げて
　もらうため。
などの理由があります。このご婦人、またきてくれるといいですね。

おまけをしても損はしない

　商売をする目的の1つは営利でした。その理由も生活をするためでしたよね。損したら困るわけです。にもかかわらず、ケーキ1個をおまけして損はしないの？　では、計算してみましょう。

　ケイイチくんはケーキ150個を作るために、材料を12,000円で仕入れました。1個あたりの材料費は12,000÷150＝80円なので、売った3個＋おまけ1個＝4個分の材料費は320円です。

　一方、1個300円のケーキを3個売ったから、売り上げは900円。つまり、900円－320円は580円のプラスになりました。だから、損はしていないのですね。

お店を継続するには

お店を開いてお客さんを迎えるまで、想像以上にさまざまな過程がありました。でも、ここがスタート。しっかり売って儲けを出さないと、お店を継続できません。商売って実に大変なのです。

21 | ケーキが売れたらどう書くの？

開店初日からお客さんがケーキを買ってくれました。このありがたい売り上げも、もちろん帳簿に書き残さないといけません。でも、たくさん売り上げたら、書くのが大変……かな？

keyword
勘定科目(かんじょうかもく)
竹とんぼのアタマに書く財産や取引などの項目の名称

> ケーキが売れたよ！
> 売り上げも
> 確認しなくちゃ

ケーキ屋さんの開店初日、ケイイチくんはケーキ3個、900円を売りました！ 数よりも売れたことが、まずよかったですね。その売り上げですが、レシートを見ることで確認できます。

キッズ☆ベーカリー
キッズ☆ベーカリー
No.001
20XX年4月1日　11:10

数量	単価	金額
イチゴ　2	¥300	¥600
チョコ　1	¥300	¥300
合　計　3		¥900

お店での最初の売り上げを帳簿に記録する

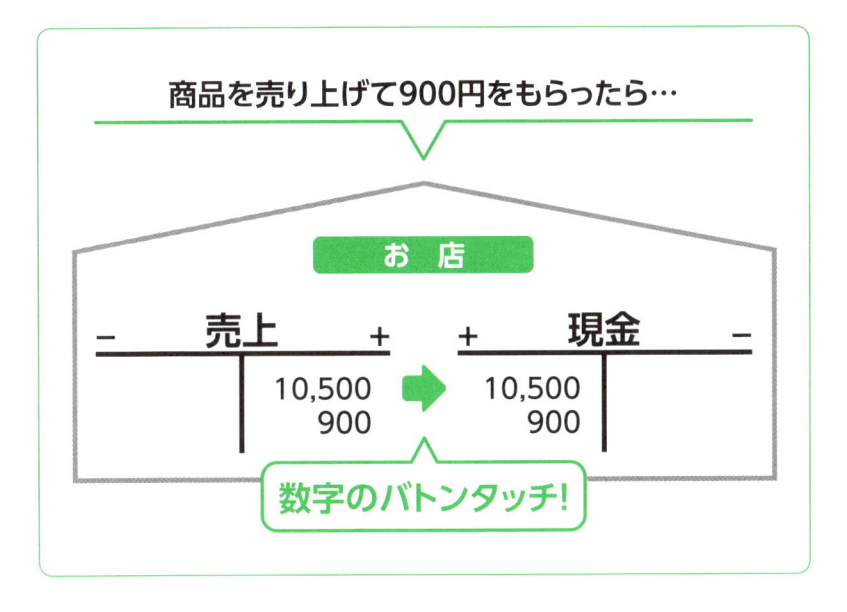

```
商品を売り上げて900円をもらったら…

          お　店

─    売上    ＋    ＋    現金    ─
     10,500         10,500
       900    ➡      900

        数字のバトンタッチ！
```

　では、レシートの記録を元に帳簿に記録しましょう。すでに帳簿には喫茶ＡＢＣからケーキ50個を売り上げて、現金10,500円を受け取ったやり取りが記録されています。その下に並べて書き加えましょう。

❶「現金」がアタマの竹とんぼの左側に現金900円が入ってきました。

❷「原因」となった売り上げの900円を、アタマが「売上」の竹とんぼの右側に書きます。「売上」の竹とんぼはお店での売り上げでも同じく、お客さんに商品やサービスを提供して奉仕したので右側が「＋」になります。

　これでお店での最初の売り上げが記録できました。どうですか、今までと同じ書き方だから、難しくないですよね。

竹とんぼのアタマの便利な使い方

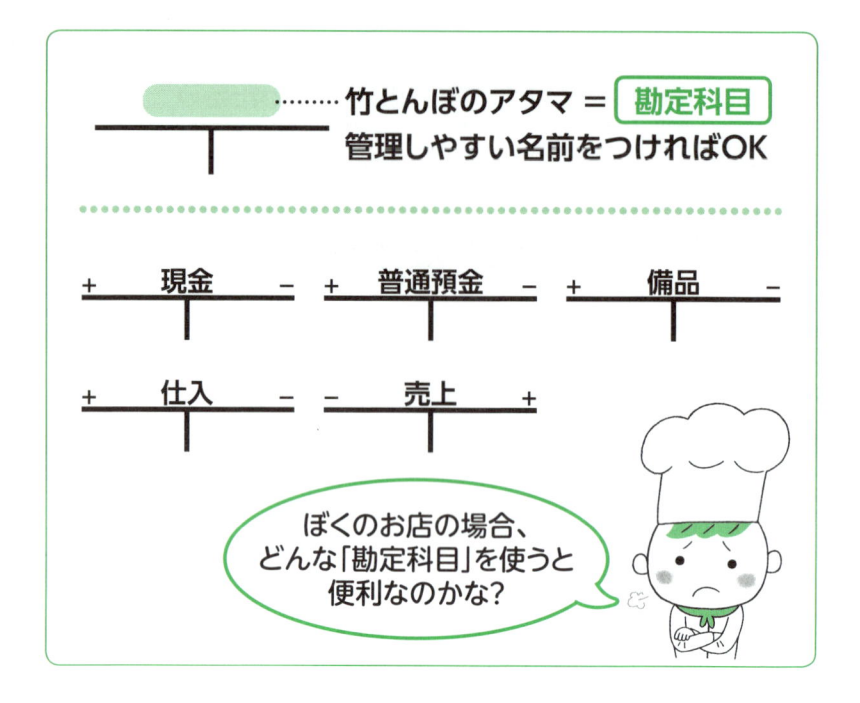

……… 竹とんぼのアタマ ＝ 勘定科目
管理しやすい名前をつければOK

＋ 現金 －　　＋ 普通預金 －　　＋ 備品 －

＋ 仕入 －　　－ 売上 ＋

ぼくのお店の場合、どんな「勘定科目」を使うと便利なのかな？

　開店初日の２つの売り上げを記録しました。でも、この書き方だと、どうやって売ったのかがわかりづらいですね。ところが竹とんぼのアタマを上手に使うと、わかりやすくなります。
　この竹とんぼのアタマ、正式には「勘定科目」といいます。勘定は、物の数量や金銭を数える。あるいは、代金を支払うという意味で使われます。科目は、名前です。つまり、金額を集計する単位の名前を勘定科目といい、「現金」、「普通預金」、「売上」、「仕入」など、財産の名前や会社の取引の名前などが使われます。この勘定科目のつけ方には一定のルールはありますが、ある程度の幅があり、各お店や会社が管理しやすい科目をつける余地があります。そのため、同じ取引内容でも、お店や会社によって多少違う勘定科目名になることがあります。

ケイイチくんのお店に合わせた勘定科目

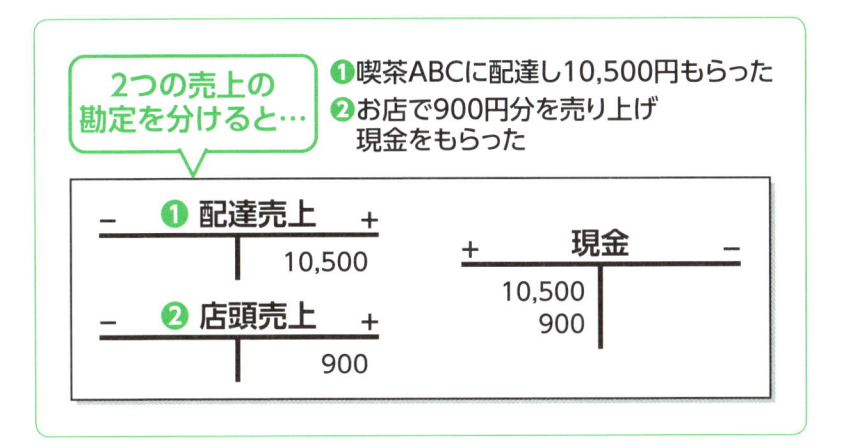

```
2つの売上の
勘定を分けると…

❶ 喫茶ABCに配達し10,500円もらった
❷ お店で900円分を売り上げ
　現金をもらった
```

－　❶ 配達売上　＋	＋　　現金　　－
10,500	10,500
－　❷ 店頭売上　＋	900
900	

　ケイイチくんのお店の勘定科目を、管理しやすいように分けてみましょう。ケイイチくんは喫茶ＡＢＣへの配達と、お店でケーキを売って売り上げを出しています。この２つを、勘定科目として使います。

　喫茶ＡＢＣへの配達は「配達売上」、お店での売り上げは「店頭売上」とします。そうして分けたのが上の図です。これを見ると、配達売上のほうが金額が大きいことがすぐにわかりますね。この結果を見て、「あぁ、こっちの売り上げをもっとがんばろう」など、課題や努力目標が見つけやすくなるのも、勘定科目の便利な特徴なのです。

お店によって違う勘定科目の決め方

　ケイイチくんは売上を２種類にしましたが、ほかのお店はどうでしょう。たとえば美容院では、髪を切るのは「技術売上」、シャンプーなど物を売るのは「販売売上」と分けるお店も。

22 | 売り上げをどうやって管理する？

お金のやり取りがわかる複式簿記。でも、いつ、何が、何個売れたのか、数字が並んでいるだけだと正直わかりづらいですね。そこで、その部分が一目でわかる方法を学びます。

keyword

売上表（うりあげひょう）
お店での売上を管理する表

> これからたくさんケーキを売っていきたいけど、売り上げの管理が大変そうだなあ

開 店初日にケイイチくんが初めて売ったケーキは3個。どの種類のケーキが売れたのか、その内訳はイチゴケーキ2個とチョコケーキが1個でした。ところで、まだたった3個なので集計するのは楽ですが、今後お店が繁盛してケーキがたくさん売れるようになったら、今のやり方ではわからなくなってしまいます。そうならないために、何が何個売れたのかを集計する表を作ることにしました。

売上表とそのメリット

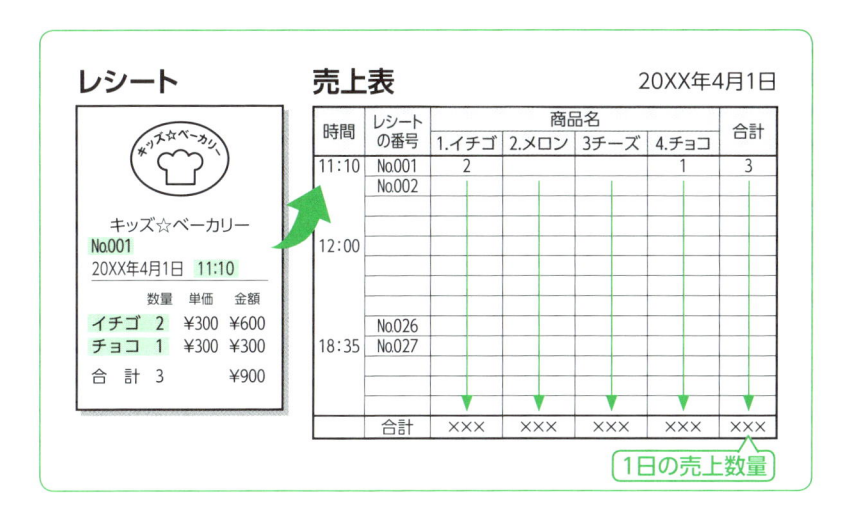

レシート

キッズ☆ベーカリー
No.001
20XX年4月1日 11:10

	数量	単価	金額
イチゴ	2	¥300	¥600
チョコ	1	¥300	¥300
合計	3		¥900

売上表　　　　　　　　　　　　20XX年4月1日

時間	レシートの番号	商品名				合計
		1.イチゴ	2.メロン	3.チーズ	4.チョコ	
11:10	No.001	2			1	3
	No.002					
12:00						
	No.026					
18:35	No.027					
	合計	×××	×××	×××	×××	×××

1日の売上数量

　これを「**売上表**」といいます。1日の時間ごとの売り上げを一目で全体がわかるようにする表です。レシートの記録を書き写すのですが、内訳は、❶時間帯、❷レシート番号、❸売れたケーキの種類と個数。必要に応じて商品の単価も書きます。

　帳簿をつけるほかに売上表を作るのは、作業が増えて面倒だなと思う人もいるでしょう。でも、売上表を作ることで、逆にあとの作業が楽になるのです。たとえばケイイチくんのお店が繁盛して毎日100個以上のケーキが売れるようになったら、レシートがバラバラになり、それから1枚1枚集計するのは大変です。また、手間をかけた分、次のような便利な面があるのです。

❶**どんな商品が売れているかを分析できる。**
❷**1日の売上合計を素早く計算できる。**

　このように作業は面倒でも売上表を作る価値はあるのです。

23 売り上げ合計を帳簿に書く

お店が繁盛して、お金のやり取りが増えてくる。それはうれしいことですが、いちいち記録していったら何が何だかわからなくなりますよね。そうならないためのやり方を学びます。

keyword
転記（てんき）
レシートなどに記録された売上額を竹とんぼに書き写すこと

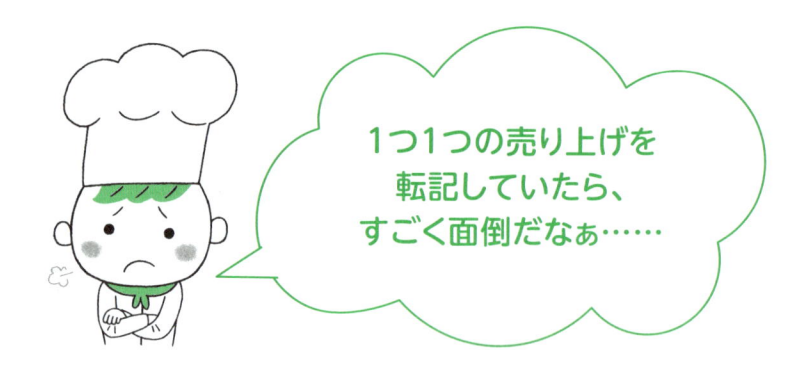

> 1つ1つの売り上げを転記していたら、すごく面倒だなぁ……

開 店初日、最初に3個のケーキが売れたあともお客さんがきてくれてケーキが次々に売れました。キッズベーカリー、好発進です。ケイイチくんは売り上げが記録されたレシートをわかりやすく整理するために1番目から順番に、店頭売上の竹とんぼに書き写しています。ところがケイイチくん、思わぬ苦労をすることになってしまいます。

お店の売り上げを帳簿に記録する

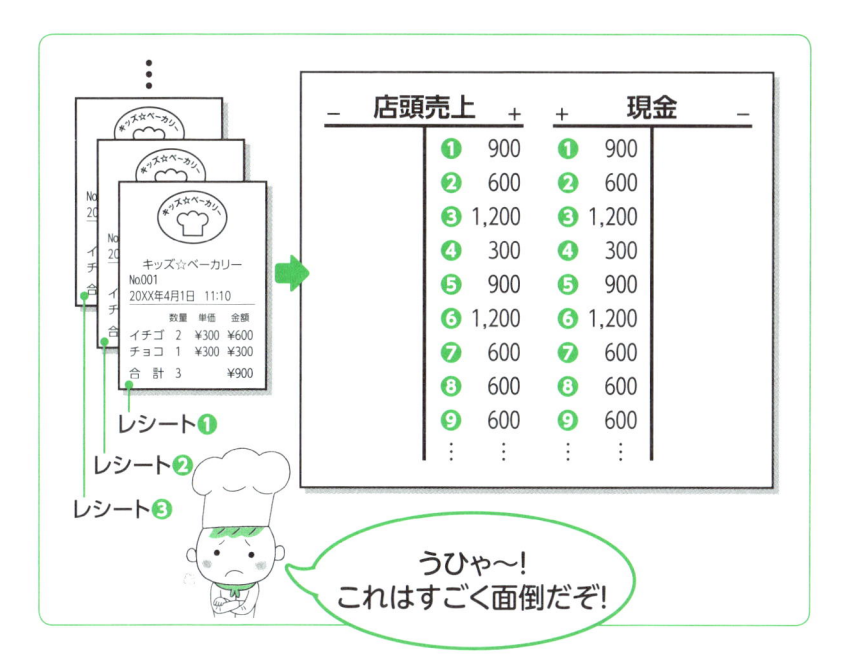

店頭売上		現金	
−	+	+	−
❶ 900		❶ 900	
❷ 600		❷ 600	
❸ 1,200		❸ 1,200	
❹ 300		❹ 300	
❺ 900		❺ 900	
❻ 1,200		❻ 1,200	
❼ 600		❼ 600	
❽ 600		❽ 600	
❾ 600		❾ 600	

レシート❶
レシート❷
レシート❸

キッズ☆ベーカリー
No001
20XX年4月1日 11:10
　　　数量　単価　金額
イチゴ　2　¥300　¥600
チョコ　1　¥300　¥300
合　計　3　　　　¥900

うひゃ〜！
これはすごく面倒だぞ！

　まず数字を書き入れる勘定科目＝竹とんぼのアタマは、お店の売り上げを記録するので「店頭売上」です。では、1番目のレシートから数字を書き入れます。売上合計金額は900円だったので、「店頭売上」の竹とんぼの右側に900。売り上げた代わりに現金が入ってきたので、「現金」の竹とんぼの左側に900と書けばOKです（❶の段）。**この書き方を個別転記**といいます。

　同じように2番目以降のレシート1日分を個別転記していくと、上の図のようになります。

　個別転記には、すべての売り上げ内容を竹とんぼで確認できる特徴があります。でも、売り上げの数が多いと書くのが大変ですし、「数字の交通整理」をする竹とんぼ本来の役割も、これでは果たしていませんね。あとで確認するときも、これでは大変です。

合計転記で竹とんぼをわかりやすく

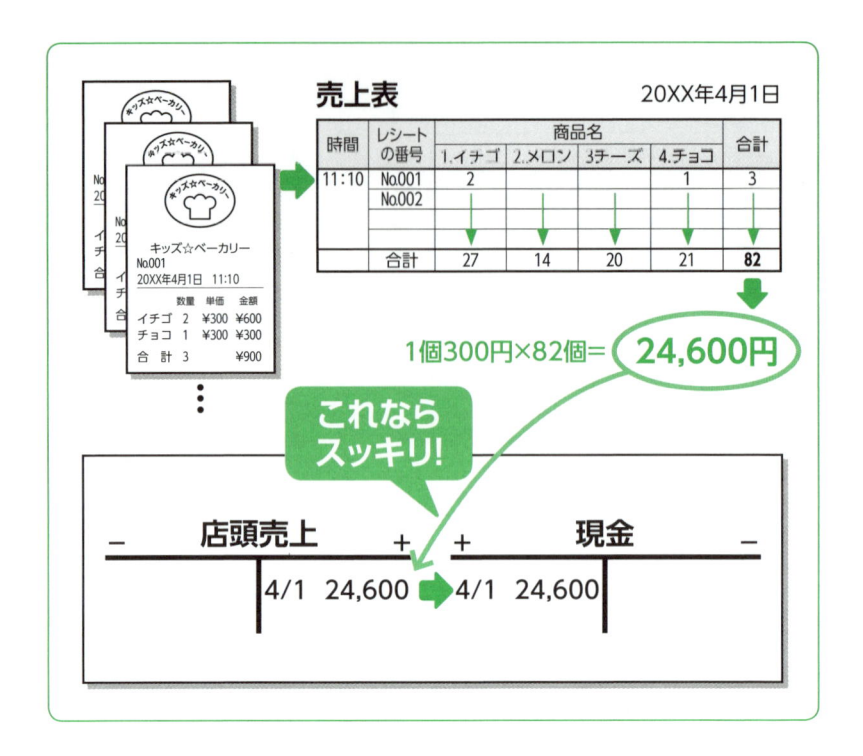

売上表 20XX年4月1日

時間	レシートの番号	1.イチゴ	2.メロン	3.チーズ	4.チョコ	合計
11:10	No.001	2			1	3
	No.002					
	合計	27	14	20	21	**82**

1個300円×82個= **24,600円**

これならスッキリ！

```
 −    店頭売上    +     +    現金    −
       4/1 24,600  →  4/1  24,600
```

　個別転記だと書くのが面倒だし、数字がゴチャゴチャしていてわかりにくい。それなら**合計転記**で帳簿に書き写すのはどうでしょう。**合計転記とは、1日など一定期間の売上の合計額だけを帳簿に記録する書き方**です。

　上の図はケイイチくんのお店の開店初日の売上表です。実は1日に全部で82個のケーキが売れていたのです。この合計額を帳簿に転記しましょう。1個300円のケーキが82個売れたので、売上合計は24,600円。この数字を「店頭売上」の竹とんぼの右側と、「現金」の竹とんぼの左側に書きます。これで記録できました。簡単で、見た目もスッキリします。

レシート、売上表、帳簿 それぞれの特徴

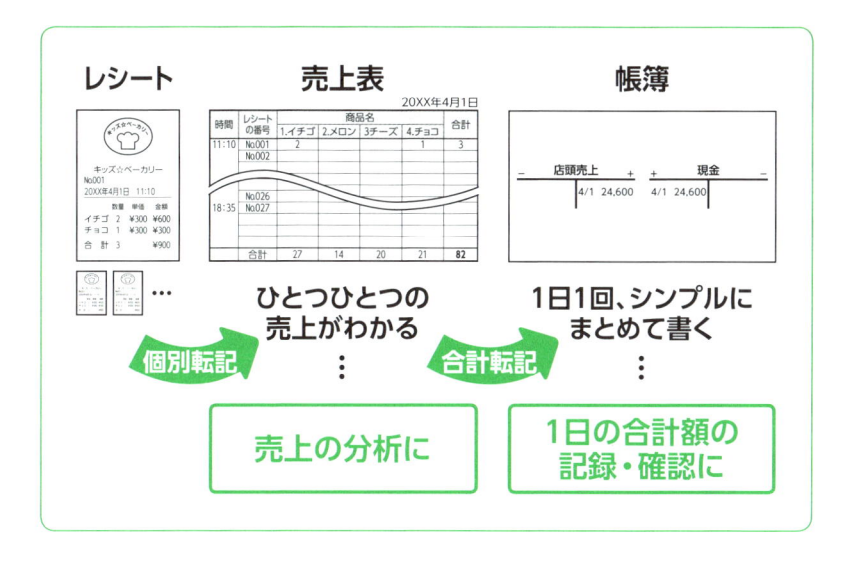

レシート	売上表	帳簿
	ひとつひとつの売上がわかる（個別転記）	1日1回、シンプルにまとめて書く（合計転記）
	売上の分析に	1日の合計額の記録・確認に

　合計転記の特徴を、まとめておきましょう。

❶1日の合計額を1回だけ転記すればいいので、個別転記に比べて手間がかからず、作業時間の短縮ができます。また、見た目がわかりやすいので、金額だけを確認するときには便利です。ひとつひとつの売上内容はどう確認すればよいかというと……

❷売上表を見ればOK。つまり、**売上分析は売上表、1日の合計額の記録は帳簿**というように**役割分担**をします。帳簿は1日1回お店の営業が終わったら書きましょう。

売上管理は「ピッ」で終わり

　今やお店のレジは、バーコードを読み取ると「ピッ」と音がするPOSシステムが主流。何時に、どんな人が、何を、何個買ったのかなどが瞬時に記録されます。

24 しまった！代金が払えない

お店の開店以来、日々がんばってお店を切り盛りしてきたケイイチくん。ずいぶん商売に慣れてきたようで、新たな売り方や仕入れ方を取り入れるようです。

keyword
掛け仕入れ（かけしいれ）
商品代金を、あらかじめ決められた日にあとからまとめて支払うやり方

> 金庫にお金がない！材料代が払えないかも……

開 店から3週間たって、ますますがんばるケイイチくん。新たなケーキ作りにも挑戦しようと、○○屋さんにいつもと違う材料も届けてもらい、その代金を支払おうとしたら……金庫にお金が一銭もない！ 朝、家に忘れてきてしまったようです。ケイイチくん、ピンチ！ ところが○○屋さん、ケイイチくんは信用できるから「掛け仕入れ」でいいと言ってくれました。よかったね、ケイイチくん。

2種類の仕入れ代金の支払い方

❶現金払い：仕入れをするたびにお金を用意して支払うやり方。お店で品物を買うのと同じ要領です。ですから、手持ちのお金を超えて品物を仕入れることができません。たとえば、今1,000円しか持っていないとしたら、2,000円の品物は買えませんね。いくら品物が必要でも、持っているお金以上には仕入れられないのです。

❷掛け仕入れ：今回ケイイチくんが○○屋さんに認めてもらった後払いの方法です。月末締めなど1カ月ごとに区切って、その期間分の代金を月に1回まとめて支払います。

掛け仕入れのよい点、怖い点

まとめて後払いする掛け仕入れは、日々現金を用意する手間が省けます。ですから、ケイイチくんのような「お金がない！」というミスも防げます。また、多額の現金を持っていなくてもすむので、防犯上も安全です。

一方、代金を支払わない間は「貸し借りの関係」になるので、信用がなければ掛け仕入れそのものが成立しません。また、一度に支払う金額が大きくなるので、お金が足りなくならないように毎日のお金の管理が重要です。

クレジットカードでの決済も、掛け仕入れと同じ

商品を受け取り、支払いはあとから。これが「掛け仕入れ」。実はクレジットカードで買い物することも同じです。どちらにもいえるのは、買いすぎると、支払日が怖いということ。

25 掛けで仕入れたらどう書くの？

掛け仕入れであっても、お金は支払わなければならないので、帳簿に書き残さないといけません。でも、あとでまとめて支払うから、その間のお金は未払いです。では、どう書いたらよいのでしょうか？

keyword

買掛金（かいかけきん）
将来支払わなければならないまだ支払っていない購入代金

> 掛け仕入れになったから、金庫にお金が入っていなくても、もう大丈夫だよね？

卸売の○○屋さんとの取引を掛け仕入れにしてもらったケイイチくん。どうやら２代目との間で「毎月月末締めの翌月10日払い」というルールも決まったようです。これで家からお金を持ってくるのを忘れたときでも、材料を仕入れられますね。でも、支払日にお金が足りないなんてことがないように、毎日しっかりと管理してください、ケイイチくん。

アタマの右側が「＋」になる第4の勘定科目

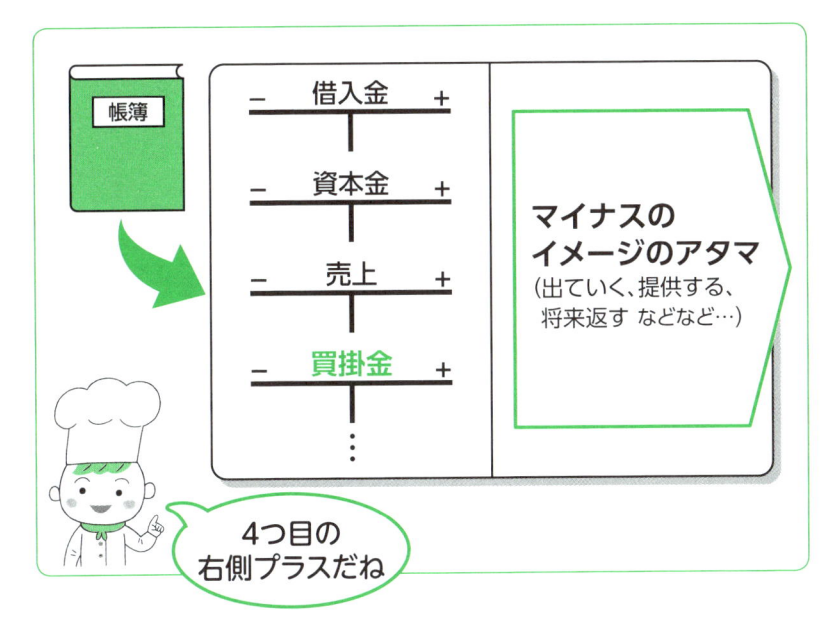

```
帳簿
 －　借入金　＋
 －　資本金　＋
 －　売上　＋
 －　買掛金　＋
  ⋮
```

マイナスの
イメージのアタマ
（出ていく、提供する、
　将来返す　などなど…）

4つ目の
右側プラスだね

　お金を支払うと勘定科目「現金」の竹とんぼの右側に支払った金額を書いていました。ところが、掛け仕入れはすぐにお金は出ていないから、現金の竹とんぼの右側に書くことはできません。でも、仕入れ代金は、将来は必ず支払わないといけません。**将来支払う "お金が必ず出ていく" ことが決まっているときは、勘定科目の右側が「＋」になっている竹とんぼの右側に数字を書くルール**がありました。覚えていますね？　今回もこのパターンです。ただ、これまでにこの仲間として「借入金」「資本金」「売上」が出てきましたが、どれとも違いますよね。そこで新しい仲間、第4の勘定科目が登場します。
　「**買掛金**」です。何かの途中をあらわすときに「仕掛けている」といいます。品物はケイイチくんの手元にきたけど、まだお金を支払っていないからケイイチくんのものではない。買い掛けている途中の金額、だから買掛金です。

買掛金を帳簿に書く

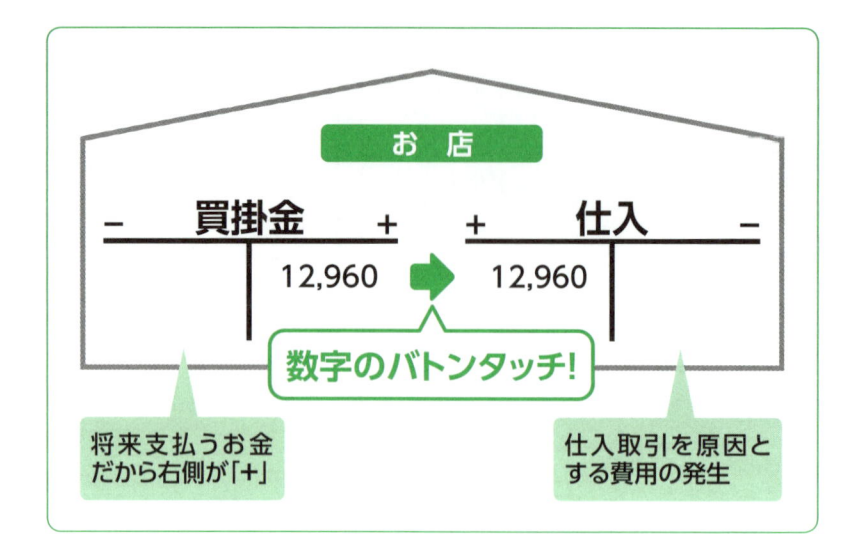

```
                    お 店
     ─  買掛金  ＋        ＋   仕入   ─
            12,960          12,960
              数字のバトンタッチ！

将来支払うお金            仕入取引を原因と
だから右側が「＋」        する費用の発生
```

　では、買掛金を帳簿に記録しましょう。
　今回、ケイイチくんが○○屋さんから掛け仕入れした材料代は、合計で12,960円でした。**将来支払い義務のある未払いの仕入代金なので、右側が「＋」の勘定科目「買掛金」の竹とんぼの右側に12,960と書き入れます。**
　一方、その代わりに同じ金額分の仕入れができたので、勘定科目「仕入」の竹とんぼの左側に12,960と書き入れます。これで「買掛金」から「仕入」への数字のバトンタッチができました。

負債を約束日に支払えないとどうなる？

銀行からお金を借りるには信用があってこそ。約束日に返せないと信用はダウンします。半年間にこういうことが２度あると銀行は取引停止になり、お店が倒産したと見なされます。

将来の支払い義務がある買掛金

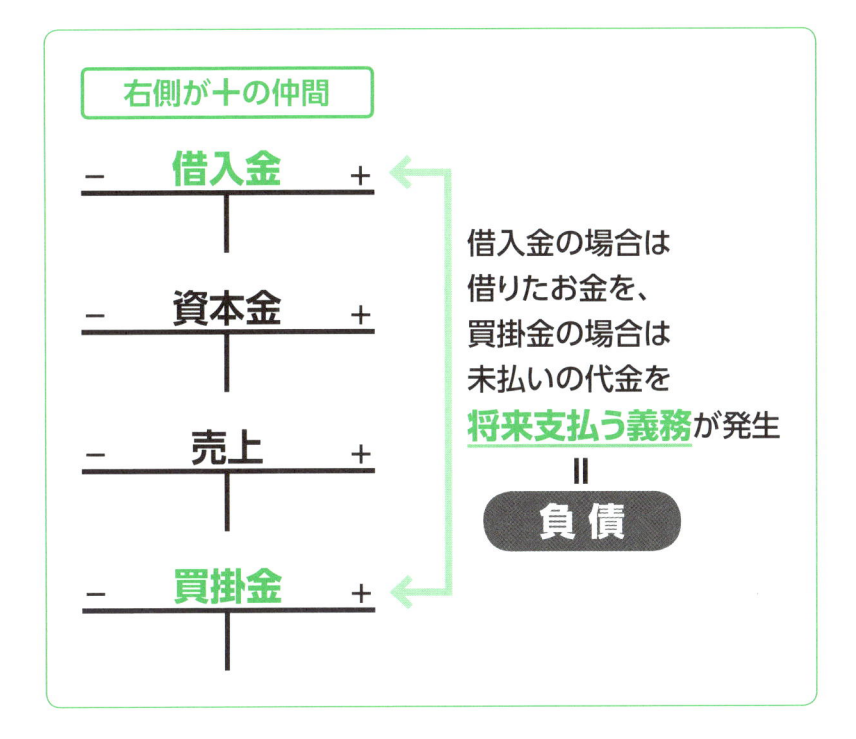

右側が＋の仲間

- 借入金（－／＋）
- 資本金（－／＋）
- 売上（－／＋）
- 買掛金（－／＋）

借入金の場合は借りたお金を、買掛金の場合は未払いの代金を**将来支払う義務**が発生
＝
負債

　上の図を見てください。竹とんぼの右側が「＋」になる仲間として「借入金」「資本金」「売上」、そして「買掛金」の4つの竹とんぼが並んでいます。このうち、「借入金」と「買掛金」の勘定科目だけ色文字になっています。実はこの2つには「**将来の支払い義務がある**」という共通点があります。

　「借入金」は銀行から借り入れる。「買掛金」は仕入れ先から品物を買い掛けている。だから、どちらも将来、借りたお金や未払いの代金を支払わないといけないという支払い義務が発生したのです。この将来の支払い義務を「**負債**」といいます。「負」ってマイナスイメージですよね。ですから、右側に「＋」がある竹とんぼの右側に数字を書くのです。

26 後払いで喫茶ABCに配達するよ

○○屋への支払いを掛け仕入れにしてもらったケイイチくんですが、実は商売の先輩でもある喫茶ABCのマスターも同じようなことを考えていました。それはどういうこと……?

keyword
掛け売上
売上金を、あらかじめ決められた日にまとめてもらうやり方

> えっ、マスター。本当ですか!
> ありがとうございます!

喫茶ＡＢＣのマスターに「金庫カラッポ事件」の話をしたケイイチくん。すると、マスターから「うちも月１回払いにして」とお願いされました。その理由を聞いて大喜び。実はマスター、ほかにも２店舗経営していて、お客さんに大好評のケイイチくんのケーキを今の倍の100個、そのお店用に買ってくれることになったのです。

2種類ある、売上代金の受け取り方

　前は買う側でしたが、今回は売る側での「掛け」です。売上代金のもらい方も2通りあります。

❶現金売上：売上が出るたびに、お金を払ってもらうやり方で、確実にお金をもらえます。でも、お客さんがいま持っているお金以上には、いくらお客さんが買いたがっても品物を売れません。

❷掛け売上：掛け仕入れと同じように一定期間ごとに区切って、まとめて請求して、あとで代金をもらうやり方です。この区切る日と支払う日の決め方は、掛け仕入れ（P.80）と同じ要領で決めます。

掛け売上のよい点、怖い点

　掛け売上は、お客さんの手元にお金がなくても売れるので、売上が大幅にアップする可能性があります。喫茶ＡＢＣの場合、今ケーキ100個分のお金が手元になくても、1カ月後ならたくさん売ってお金があるという見込みです。また、ケイイチくんとしては、売るたびにお金を回収しなくてよくなります。でも、相手に信用がないと、お金が入らない危険性があります。また、信用できたとしても、すぐにお金が入らないので、売る側は手元のお金が不足しやすいという面もあります。

お金が手元に入ってこなかったら？　黒字倒産の怖さ

利益が出ているのに倒産するのが、黒字倒産です。理由はお金が入るまでの時間差。この間にも使うお金は出ていきますが、支払うお金がないと商売はできません。掛け売りの怖い側面です。

27 | 掛けで売り上げたらどう書くの?

掛け売上も売上だから、当然代金をもらいます。そのため、帳簿に書き残さないといけません。でも、あとでまとめてもらうので、それまでは手元にお金が入ってきません。では、どう書いたらいいでしょう?

keyword

売掛金（うりかけきん）
まだ支払ってもらっていない売上代金を受け取る権利

> 喫茶ABCに来月の10日まで売上代金を預けているようなものだね!

喫茶ＡＢＣとの取引を、掛け売上にしたケイイチくん。つまり、売上金の支払いを待ってあげることにしました。喫茶ＡＢＣにはケーキ１個を210円で売っているケイイチくん。１日に100個なら21,000円。その１カ月分の大きな売り上げを、月末締めの来月10日に受け取る権利を持ちました。これを「**売掛金**（かけきん）」といいます。

売掛金を帳簿に書く❶

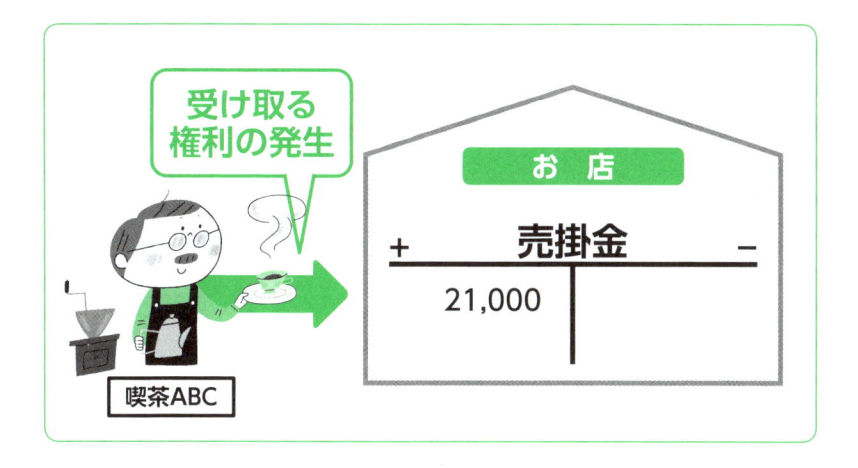

　売掛金とは、未回収の売上代金を受け取る権利のことです。買掛金と同じように、喫茶ＡＢＣにケーキは渡したけど、まだケイイチくんの手元にお金は入ってきていない。**売り掛けている途中の金額だから売掛金です**。では、売掛金を帳簿へ記録しましょう。

　お金は入ってくるけど、まだ手元に入ってきていないから、勘定科目は「現金」ではありませんね。売上代金を受け取る権利だけど、あとでお金が入ってくるから竹とんぼの勘定科目を「売掛金」と書いて、左側に21,000と書き入れます。これで未回収の売上代金を帳簿に記入したことになります。

ケイイチくんが従業員を雇ったら？

ケーキ作りと配達をひとりでこなすケイイチくん。もし配達する人を雇ったら、その時間にもっと多くのケーキを作れます。商売拡大のチャンスがあれば、人を増やすことが有効な手段です。

売掛金を帳簿に書く❷

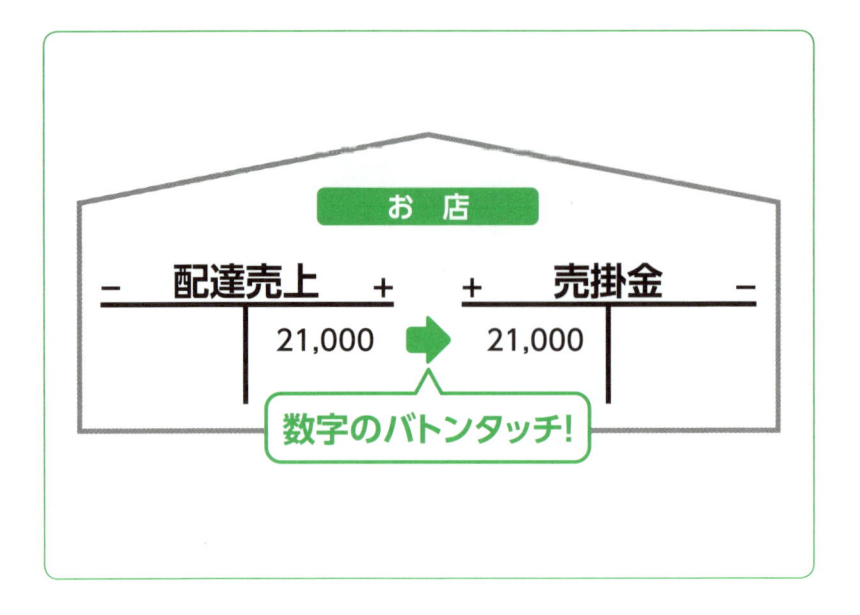

```
              お　店
 －  配達売上  ＋    ＋  売掛金  －
        21,000          21,000
              数字のバトンタッチ！
```

　次に配達売上を記録します。まだお金は入ってきていませんが、すでに喫茶ＡＢＣにはケーキを配達しているので、その金額を書き残します。
　商品を売り上げたり、支払いの義務が発生したりするなど、出て行くイメージの竹とんぼは、勘定科目の右側が「＋」ですね。仲間には「借入金」「買掛金」「資本金」「売上」の４つがありました。今回は「売上」に該当します。では、配達売上と喫茶ＡＢＣの売掛金を記録した２つの竹とんぼを並べてみましょう。
　まず、配達売上の竹とんぼの右側に、売った代金と同じ21,000を書き入れます。そして、売掛金の竹とんぼの左側にも21,000と書きます。これで数字のバトンタッチが成立しました。

権利も価値ある「資産」

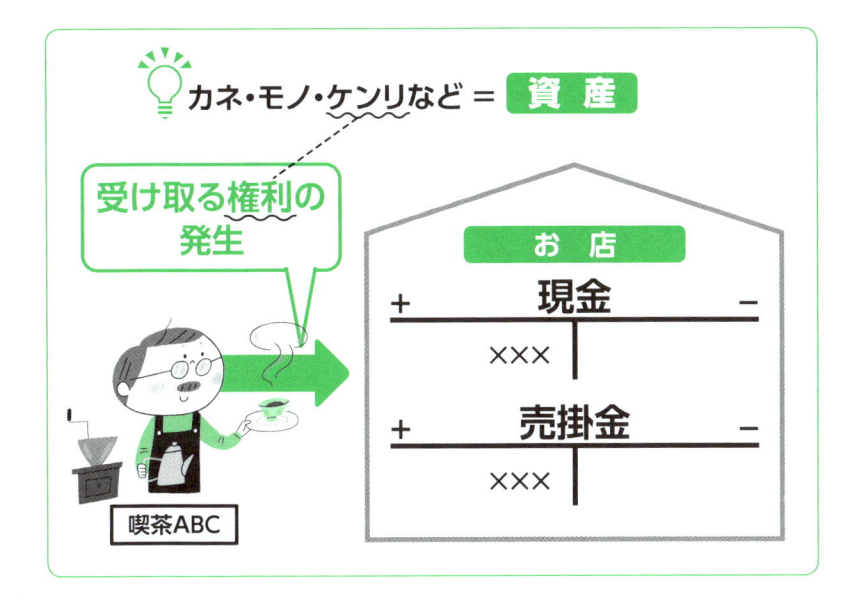

カネ・モノ・ケンリなど ＝ 資産

受け取る権利の発生

お店

＋ 現金 －
×××

＋ 売掛金 －
×××

喫茶ABC

　売掛金には売上代金を受け取る権利があって、竹とんぼもお金が入ってくることをあらわす左側に書きました。でも、まだお金は入ってきていません。この状態でも「価値がある」といえるのでしょうか？

　この場合、売った相手が信用できる人であれば、少し待てばお金は入ってきます。また、P.43で学んだように、権利とは人に対して何かを強く要求できることです。ケイイチくんなら、喫茶ＡＢＣのマスターに「お金を支払って」と言うことができます。つまり、価値があると認識できますね。このように、**価値を認識できる財産を会計用語で「資産」**といいます。

　資産には、金（カネ）、物（モノ）、権利の３つがあり、資本（P.8）や資本で買ったモノや権利を指します。売掛金も、元は資本で材料を買って、ケーキという製品を売って得た権利。だから、大切な価値ある財産なのです。

28 | 1日の取引を記録する

材料を仕入れて、製品を作って売るだけでは商売は終わりません。
1日の営業が終わったあとに、何が何個売れたのか、
いくら儲かったのかなど1日の取引を振り返るのも大切です。

keyword
T字勘定
竹とんぼの会計的な名称

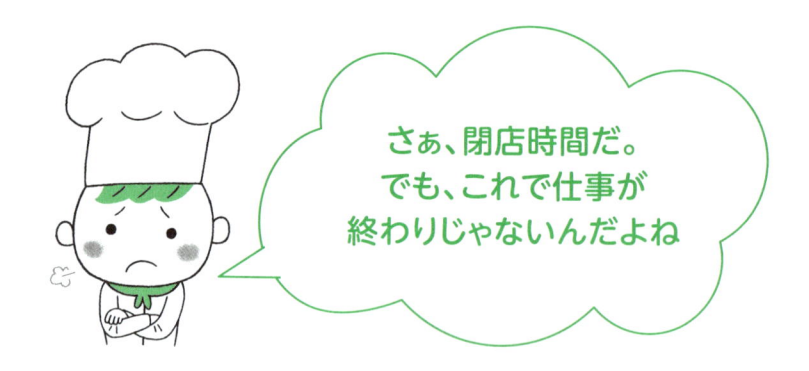

> さぁ、閉店時間だ。
> でも、これで仕事が
> 終わりじゃないんだよね

念願だったケーキ屋さんを開店してから、もうすぐ1カ月を迎えようとしているケイイチくん。商売のペースも徐々につかめてきたようです。そして午後8時、お店の営業時間が終了。無事に1日が終わり、これで今日の仕事から晴れて解放……とはいかないようです。実はまだ大切な仕事が残っています。

閉店後の集計作業も大切な仕事

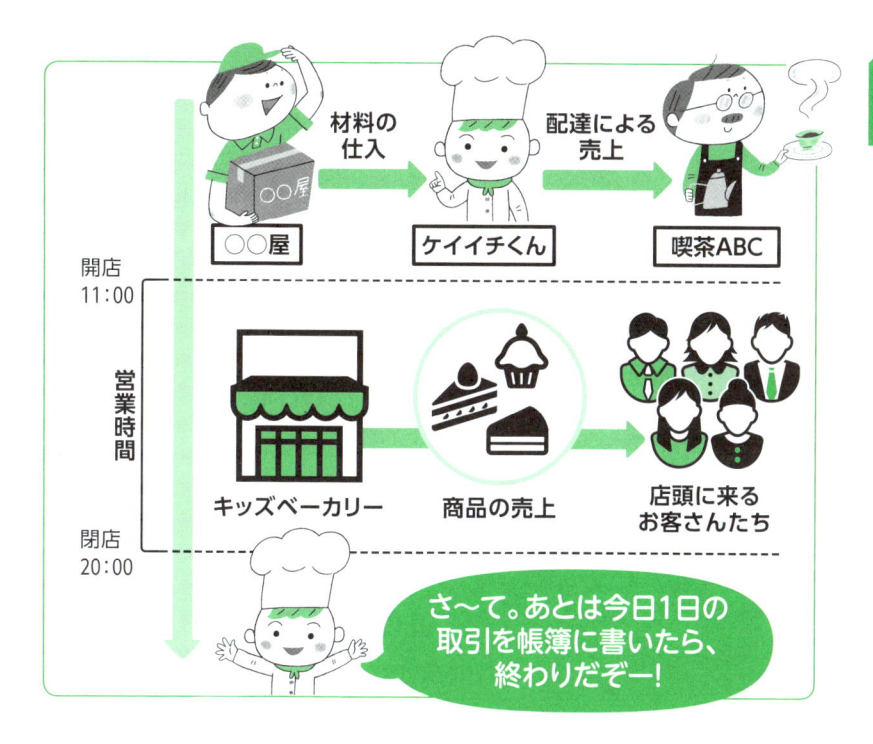

開店 11:00

営業時間

閉店 20:00

材料の仕入 → ケイイチくん → 配達による売上
〇〇屋　　　　　　　　　　　喫茶ABC

キッズベーカリー → 商品の売上 → 店頭に来るお客さんたち

さ〜て。あとは今日1日の取引を帳簿に書いたら、終わりだぞ〜！

　大切な仕事……それは使った道具の後片付けやお店の掃除もありますが、1日の取引内容を集計して帳簿に記録する作業です。商売をする目的のひとつは営利。何が何個売れたのか？ お金をいくら払ったりいただいたりしたのか？　いくら儲かったのかを確認しないといけません。疲れているからお休みの日にまとめて集計すれば……とも思うのですが、取引の数が多くなると大変です。結局、毎日少しずつ集計して帳簿に記録をしたほうが負担が少ないのです。

　上の図は、ケイイチくんの仕事の1日の流れをあらわしたものです。ここまでは、たとえば仕入れとか配達とか、お店の中の取引内容を個別に勉強してきましたが、この図だと1日にどんな取引があったのかが一目でわかります。

帳簿に記録する内容

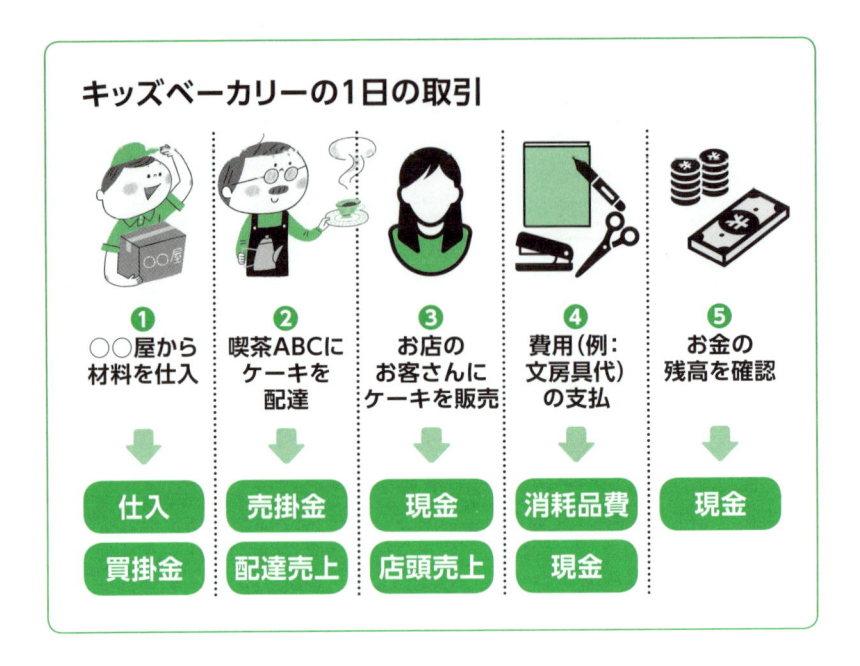

キッズベーカリーの1日の取引

❶	❷	❸	❹	❺
○○屋から材料を仕入	喫茶ABCにケーキを配達	お店のお客さんにケーキを販売	費用（例：文房具代）の支払	お金の残高を確認
仕入	売掛金	現金	消耗品費	現金
買掛金	配達売上	店頭売上	現金	

今日1日にどんな取引があったのかを、確認しましょう。

❶朝、卸売の○○屋の2代目から、
　ケーキを作る材料を仕入れた。

❷朝11時の開店前、ケーキを作って、
　喫茶ＡＢＣに50個配達した。これを配達売上という。

❸11時をすぎるとお店にきたお客さんにケーキを売った。
　これは店頭売上。

❹文房具費など費用の支払い。

❺金庫の中にお金がいくら残っているのか？
　残高の確認。

　これらを全部、帳簿に記録します。書くことがいっぱいありますね。でも、それは商売がいろいろな取引から成り立っているという証明でもあるのです。

竹とんぼの勘定科目を確認する

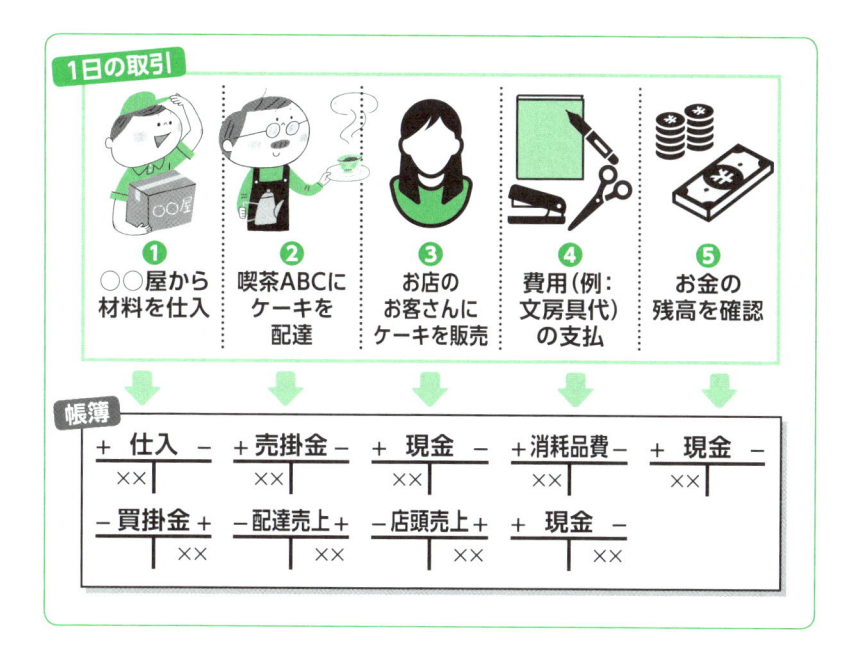

1日の取引

❶	❷	❸	❹	❺
○○屋から材料を仕入	喫茶ABCにケーキを配達	お店のお客さんにケーキを販売	費用（例：文房具代）の支払	お金の残高を確認

帳簿

+　仕入　−	+　売掛金　−	+　現金　−	+消耗品費−	+　現金　−
××	××	××	××	××
−買掛金+	−配達売上+	−店頭売上+	+　現金　−	
××	××	××	××	

　❶から❺までの各取引の下に、関係する竹とんぼを並べてみました。上下の竹とんぼの関係は、お金が入ってくる結果と原因の複式簿記です。この表では、上段が入ってくる＝竹とんぼの左側。下段は出ていく＝竹とんぼの右側にそろえています。では、取引ごとに順番に竹とんぼの勘定科目を確認しましょう。

❶○○屋から材料を掛け仕入れ＝勘定科目は「仕入」と「買掛金」。

❷喫茶ABCにケーキを掛け売り＝「売掛金」と「配達売上」。

❸お店に来たお客さんにケーキを売った＝「現金」と「店頭売上」。

❹費用が発生したので「消耗品費」と「現金」。

❺お金の残高確認なので「現金」の竹とんぼだけ。

それぞれの取引に仲良しの竹とんぼがあると覚えてください。

29 現金はいくら残っているかな？

お客さんへのおつりや、細かい費用の支払い。お店でいくら売り上げたのかを集計するには現金を数える必要があります。計算ミスを防ぐための現金管理の方法を考えます。

keyword

実査（じっさ）
お金などの財産を実際に数えて確認すること

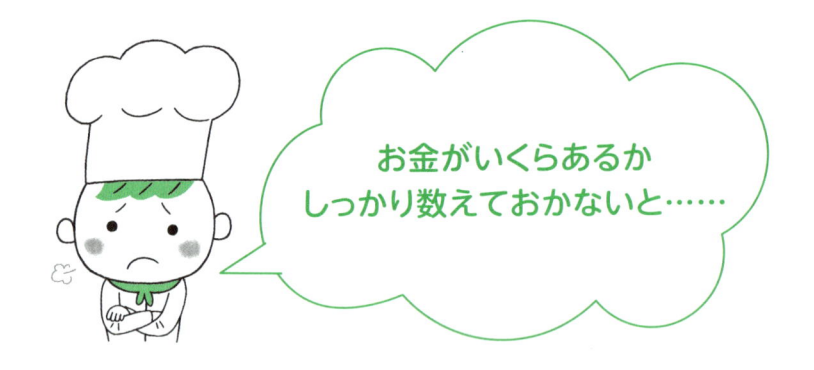

> お金がいくらあるか
> しっかり数えておかないと……

お店の閉店後、1日の取引の集計作業をしているケイイチくん。最初にお金の残高をしっかりと確認することから始めます。これを「実査」といいます。でも、現金の集計は、思った以上に間違いやすくて大変。やみくもに数えただけでは数え間違いが起こりやすいのです。そういうミスを防ぐために役立つのが「金種表（きんしゅひょう）」です。

金種表で数え間違いをなくす

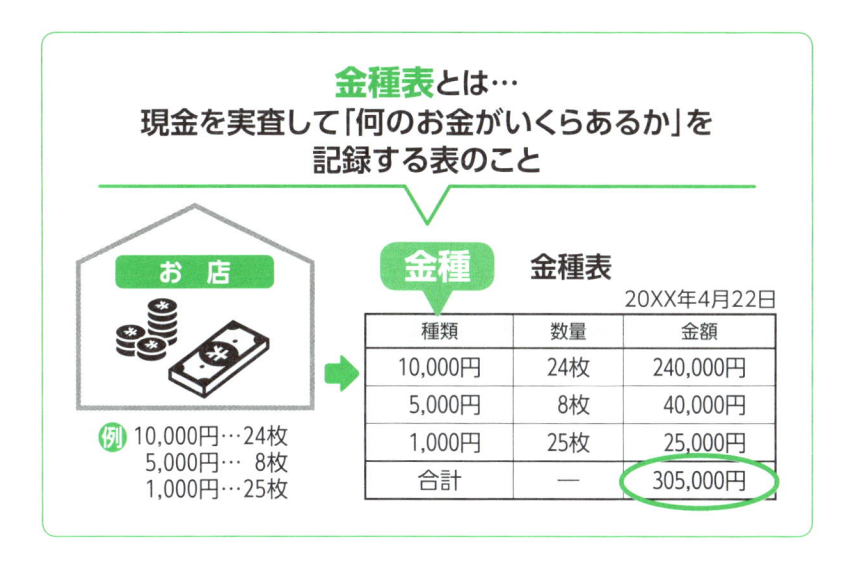

金種表とは…
現金を実査して「何のお金がいくらあるか」を記録する表のこと

お店

例 10,000円…24枚
　 5,000円… 8枚
　 1,000円…25枚

金種

金種表
20XX年4月22日

種類	数量	金額
10,000円	24枚	240,000円
5,000円	8枚	40,000円
1,000円	25枚	25,000円
合計	―	305,000円

　金種とは、お金の種類のこと。つまり、金種表は現金を実査したあとに、何のお金がいくらあるかを記録する表です。たとえば、ある日の営業終了後に実査したところ、10,000円…24枚、5,000円…8枚、1,000円…25枚があった場合、上の図のように金種ごとの枚数と合計額。右下にすべての合計金額を記入します。この金種表1枚があるだけで、数え間違いのミスが減ります。実際のお店では、2人で数えたり、2回数えるなどの対策が行われています。

現金管理は金種表だけではない

　数え終わった現金は、より安全に管理する必要があります。たとえば、必要な金額だけ金庫に残して、ほかは銀行に預けるのも防犯対策上有効です。また、残す金額を毎日同じにしておくと、日々の儲けの計算がしやすくなる利点もあります。

30 | 1日の取引を集計する

手元にある現金の残高を集計したケイイチくん。でも、これで集計作業が終わり……ではありません。それぞれの取引を竹とんぼに転記しないと記録が残りません。そのやり方を学びます。

keyword
取引資料
お店や会社で物を買ったり売ったりしたときに使う資料

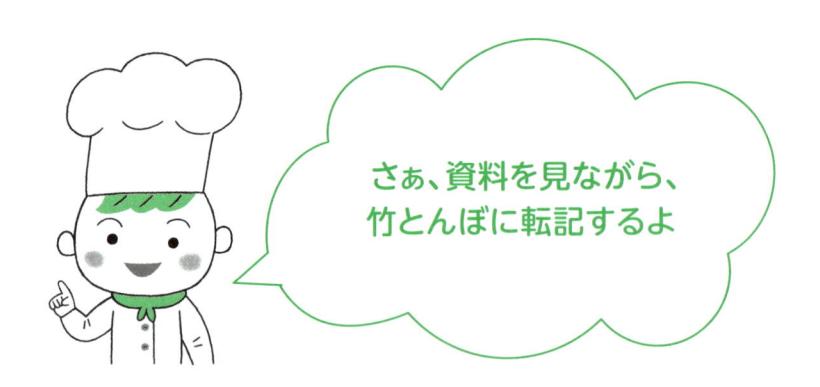

さぁ、資料を見ながら、竹とんぼに転記するよ

1 日の取引と竹とんぼの関係について、それぞれの取引と関係する勘定科目があることは確認しました（P.95）。現金の集計が終わったケイイチくん。次に、取引それぞれの資料を見ながら竹とんぼに記入＝個別転記をしていきます。

取引資料には、どんなものがあるの？

❶掛け仕入れ

納品書
キッズベーカリー 様
日付　4月22日
品物　スポンジ、生クリーム、イチゴ、
　　　メロン、チョコレート他…
金額　14,040円
株式会社 ○○屋

❷掛け売上

送り状　　　　　　　　4月22日
喫茶ABC 様
内訳：イチゴケーキ20個、メロンケーキ…
金額　21,000円
※配達数量 100個　単価210円
キッズベーカリー

送り状は「納品書」と意味は同じ！

❸店頭での売上

売上表　　　　　　　　20XX年4月22日

		1.イチゴ	2.メロン	3.チーズ	4.チョコ	計
11:00	No.001	1				
	No.002		1			
	No.003			3		3
	No.004				3	3
	No.005		1	2		
12:00	No.006	1	1		2	4
	No.007		2			2
	No.008				2	2
	No.009			1		
	No.010	2		1		3
	No.011				1	1
13:00	No.012	2	2	2	2	8
	No.013		1		1	
	No.014			3		
14:00	No.015		2		2	
	No.022	1				2
	No.023	1				
	No.024			1	1	
18:00	No.025		1	1		
	No.026	2				
	No.027	3				
19:00	No.028				4	
	No.029		2	2		
	No.030	1	1	1		
	合計	23	16	27	30	㊻

300円×96個＝28,800円
すべて1個あたり300円の現金売上

❹消耗する物

100円ショップXYZ
お買い上げ票
領収証
金額　2,160円
日付　4月22日
但し：文房具代として
△△文具店

取引の資料には、どんなものがあるのかを確認しましょう。
❶仕入れ先・○○屋が材料を届けてくれたとき、一緒に渡された納品書。
❷ケイイチくんが喫茶ABCに配達に行ったとき、マスターに渡してきた送り状。これも納品書です。
❸お店で売ったケーキの種類や個数を記録したデータ。
❹ケイイチくんがお店に必要なものを現金で買ったとき、もらったレシートや領収書。
これらの資料を読み取って竹とんぼに転記します。

第2章　本日開店 いらっしゃいませ！〜開店から1日の集計まで

❶ ○○屋から掛けで14,040円仕入れた
❷ 喫茶ABCに100個配達した（1個210円）
❸ 今日の店頭売上は96個だった（1個300円）
❹ 消耗品費の支払いは500円と2,160円だった

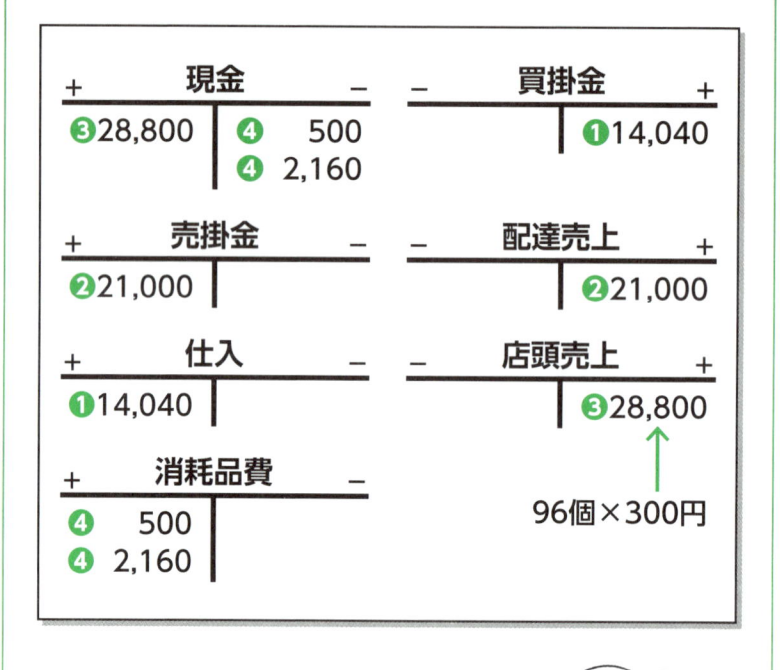

```
   +      現金       −        −     買掛金      +
❸28,800  │ ❹   500              │❶14,040
         │ ❹ 2,160

   +     売掛金      −        −     配達売上     +
❷21,000  │                       │❷21,000

   +      仕入       −        −     店頭売上     +
❶14,040  │                       │❸28,800
                                      ↑
   +     消耗品費     −         96個×300円
❹   500  │
❹ 2,160  │
```

全部の竹とんぼが並ぶと迫力があるね〜

1日の取引集計を竹とんぼに個別転記する

　竹とんぼへの転記は、それぞれの資料が何の取引だったのか？　その分類を間違えないようにすることが大切です。また、転記先の竹とんぼをよく見ると、何の種類が何個売れたという個別記載はありません。つまり、取引金額だけを書けばよいのです。では、左の図表に記録された各取引を確認していきます。

❶○○屋からの納品書
　掛けで14,040円分仕入れた（掛け仕入れ）。
　勘定科目は、仕入と買掛金の竹とんぼ。

❷喫茶ＡＢＣへの送り状＝納品書
　１個210円で100個掛け売りした。合計金額は21,000円。
　勘定科目は売掛金と配達売上。

❸売上表
　今日の店頭売上は１個300円のケーキを96個売った。
　合計金額は28,800円。勘定科目は現金と店頭売上。

❹現金払いのレシートなど
　消耗品費の支払いは500円と2,160円だった。
　勘定科目は消耗品費と現金の「右側」。

こうしてそれぞれの取引資料の合計額を集計しながら帳簿に個別転記していきます。

○○屋や喫茶ABCとのお金のやり取り

　月に１回、相手方の銀行口座への入金が一般的です。現金を用意しなくてもいいのが掛けのメリット。また、１カ月分だと金額も大きいので、盗難・紛失は一大事。その心配もありません。

31 | 竹とんぼの まとめ表を作ろう

帳簿をつける目的は取引の交通整理。でも、その取引が多くなると、いくら竹とんぼでも混乱やミスが起こります。それを防ぎ、しかもわかりやすくするための表があるのです。

keyword

日計表
にっけいひょう
その日の取引金額を、勘定科目ごとに合計した表

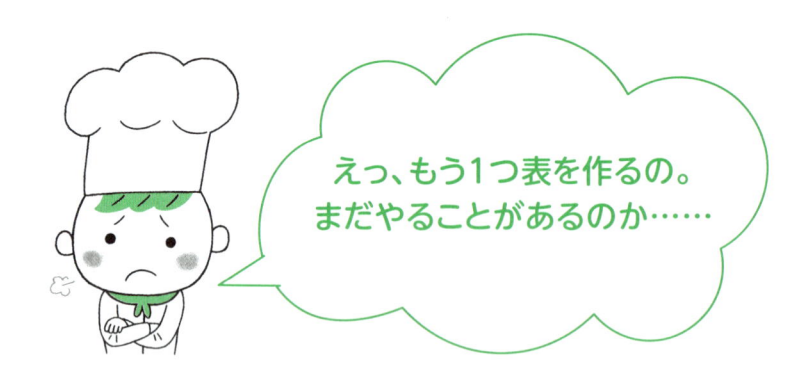

> えっ、もう1つ表を作るの。まだやることがあるのか……

1 日の取引集計を、やっとの思いで竹とんぼに個別転記し終えたケイイチくん。ところがまだ１日の終わりに必要な作業が残っていました。それは竹とんぼの内容を「日計表」に書き入れることです。

日計表は竹とんぼよりわかりやすい

日計表とは…

その日に起こった取引の金額を、勘定科目ごとに合計した表のこと

日計表　　　　　　　　　　　　　　　　　　4月22日

左側合計	名前(勘定科目)	右側合計
	現　　　金	
	売　掛　金	
	車　　　両	
	備　　　品	
	買　掛　金	
	借　入　金	
	資　本　金	
	売　　　上	
	仕　　　入	
	消　耗　品　費	
	総　合　計	

　日計表とは、その日に起こった取引の金額を勘定科目ごとに合計して、確認する竹とんぼのまとめ表です。竹とんぼがたくさんあるよりもわかりやすくなっていますね。
　でも、よい点はほかにもあるのです。
❶1日の取引の全体像がわかりやすい。
❷左側と右側の合計額が必ず一致する（P.104）。
　もし、左側の総合計と右側の総合計が一致しなければ、記入ミスや記入漏れがあるなど、どこかが間違っているということです。そういうチェックがしやすいのも、日計表の特徴です。

❶ ○○屋から掛けで14,040円仕入れた
❷ 喫茶ABCに100個配達した（1個210円）
❸ 今日の店頭売上は96個だった（1個300円）
❹ 消耗品費の支払いは500円と2,160円だった

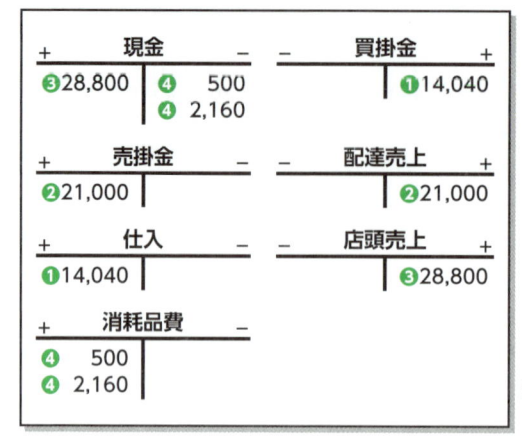

```
   +      現金      -          -     買掛金     +
❸ 28,800  │ ❹   500                  │ ❶ 14,040
          │ ❹ 2,160

   +     売掛金     -          -    配達売上    +
❷ 21,000  │                          │ ❷ 21,000

   +      仕入      -          -    店頭売上    +
❶ 14,040  │                          │ ❸ 28,800

   +    消耗品費    -
❹    500  │
❹  2,160  │
```

日計表を通さないで書くこともできるね

日計表　　　　　　　　　　4月22日

左側合計	名前（勘定科目）	右側合計
28,800	現　　　金	2,660
21,000	売　掛　金	
	車　　　両	
	備　　　品	
	買　掛　金	14,040
	借　入　金	
	資　本　金	
	配　達　売　上	21,000
	店　頭　売　上	28,800
14,040	仕　　　入	
2,660	消　耗　品　費	
66,500	総　合　計	66,500

総合計の金額は左と右で同じになるんだね！

それぞれの竹とんぼの数字を日計表に書き入れたものがこれ。項目ごとの金額や取引内容がわかりやすくなっています。

取引全体のチェックも、日計表の役割

日計表　　　　　　　　　　　　　4月22日

左側合計	名前(勘定科目)	右側合計
28,800	現　　　金	2,660
21,000	売　掛　金	
	車　　　両	
	備　　　品	
	買　掛　金	14,040
	借　入　金	
	資　本　金	
	配　達　売　上	(誤)2,100　(正)21,000
	店　頭　売　上	28,800
14,040	仕　　　入	
2,660	消　耗　品　費	
66,500	総　合　計	47,600

左側が66,500円、右側が47,600円で一致しないね

　上の図のように、もし売掛金の左側に21,000円と書き、配達売上の右側に2,100円と書いてしまったら、どうでしょう。左側の合計金額は66,500円。でも、右側の合計金額は47,600円で左右が一致しません。このように書き間違いをチェックするにも、日計表があると便利なのです。1日の営業が終わったら、どんなに疲れていても、毎日必ずその日の取引内容を集計して帳簿に記録する。この作業も、商品を売ることと同じように大切なことなのです。

実査で金額が合わなかったら？

「雑収入」「雑損失」という項目で処理します。ただし、これは一時的なもの。記録や報告をし、再発防止策を講じることが大切です。担当者が勝手に帳尻合わせするのはもってのほかです。

2章で学んだ 竹とんぼと表のふりかえり

いよいよ「キッズベーカリー」が開店！ ケーキの材料の仕入れやお店でのお金のやり取りといった、日々の商売の基本を学びました。また、毎日の売上を記録する表も登場します。

＋　仕入　－

お店や会社に必要な費用が発生したら、左側「＋」

> 材料を買うための代金。仕入れた材料を加工し製品にしてから売る「工業」。完成された製品を仕入れて売るのが「商業」です。

＋　交通費　－

> 電車やバス、タクシーなどの代金。ケイイチくんが使う機会はあまりなさそうですが、コインパーキング代やETC通行料、出張の旅費・宿泊費などもここに計上されます。

＋　支払家賃　－

> お店の建物を借りる場合、大家さんに支払う月々の家賃。ちなみに、駐車場など土地そのものを借りる場合の使用料は「支払地代」。まとめて「地代家賃」とも書きます。

＋　水道光熱費　－

> 水道代、電気代、ガス代など、暮らしやお店を快適に営んでいくために欠かせない支払い。一般的に、現金で払うよりも預金口座からの引き落としにする方がお得です。

－　売上　＋

商品やサービスを提供することでお客様に奉仕した右側「＋」

> ケーキが売れるということは、お客様に商品を提供するという**奉仕を行うことで喜んでもらっている**ので、**売上は「右側＋」の竹とんぼに記録します。**

− 買掛金 ＋

「掛け」とは、精算を後日まとめて行うこと。掛けで仕入れた物の代金が買掛金です。**支払日には必ずお店を出て行くお金なので、これも「右側＋」の竹とんぼです。**

＋ 売掛金 −

商品を掛けで売ると、売上と同時に、あとで代金を受け取れる権利が発生します。いずれは入ってくるお金ですが、手元の現金と区別するためこのように書きます。

2章で登場した表

❶ 売上表

時間	レシートの番号	商品名				合計
		1.イチゴ	2.メロン	3.チーズ	4.チョコ	
11:10	No.001	2			1	3
	No.002					
12:00						
	No.026					
18:35	No.027					
	合計	×××	×××	×××	×××	×××

その日お店で出た売上の内訳を一覧にしたもの。レシートをもとに、商品が売れた時間帯、種類と個数、単価などを記録します。

❷ 金種表

種類	数量	金額
10,000円	24枚	240,000円
5,000円	8枚	40,000円
1,000円	25枚	25,000円
合計	—	305,000円

お店にある現金を数えて確認（＝実査）するためのもの。紙幣の種類ごとに枚数を記録します。

❸ 日計表

左側合計	名前（勘定科目）	右側合計
28,800	現　　金	2,660
21,000	売　掛　金	
	車　　両	
	備　　品	
	買　掛　金	14,040
	借　入　金	
	資　本　金	
	配　達　売　上	21,000
	店　頭　売　上	28,800
14,040	仕　　入	
2,660	消　耗　品　費	
66,500	総　合　計	66,500

その日の取引すべてを勘定科目ごとに合計したもの。一つひとつの竹とんぼを正しく書かないと左右の合計欄が同じ数字にならないので、帳簿の書き間違いのチェックにもなります。

コラム

竹とんぼを使わない簿記「仕訳」って?

　本書で学ぶのは「竹とんぼ」に取引を記録する方法ですが、簿記には「仕訳」というもうひとつの記録方法があります。取引を竹とんぼ別に分けて集計する前に、いったん取引の全体を、取引がなされた日付や順番のとおり日記のように書いていく方法です。

　仕訳を書く帳簿のことを「仕訳帳」といいます。仕訳では、次の例のように仕訳帳を左と右に分け、取引の内容を横一行に並べて書きます。竹とんぼの左と右は正式には借方、貸方といいます。

例…銀行から現金100,000円を借り入れた。

> （借方）現金　100,000　（貸方）借入金　100,000

　仕訳の考え方や書き方は、基本的に竹とんぼと同じ。現金などの資産が増えたら左側に書き、減ったら右側に書きます。実際の記帳を行うときは、❶取引が起きたら仕訳をし、❷その内容を該当する竹とんぼに転記します。また、すべての竹とんぼが書かれた帳簿を「総勘定元帳」といいます。

　仕訳という手続きは、パソコンを使った現代の会計管理におきかえると「入力画面へのデータ入力」にあたります。会計ソフトの入力画面に

> （借方）現金10,000　（貸方）借入金10,000

と横一行のデータを打ち込み、エンターボタンを押せば、あとは自動的に仕訳の内容が総勘定元帳に転記されるというわけです。

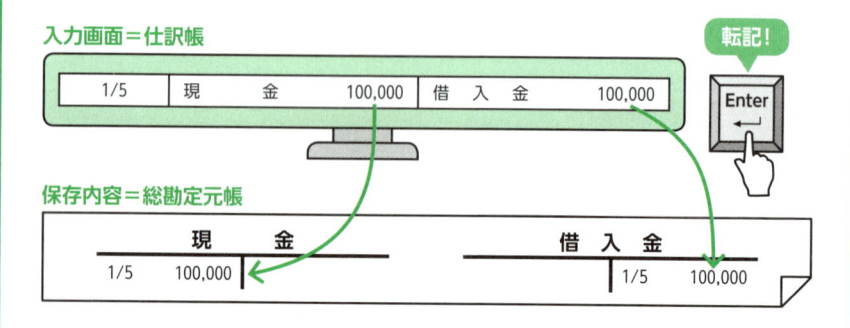

入力画面＝仕訳帳

| 1/5 | 現　金 | 100,000 | 借　入　金 | 100,000 |

転記！

保存内容＝総勘定元帳

| 現　金 | 借　入　金 |
| 1/5　100,000 | 1/5　100,000 |

第3章

さぁ、お店の通信簿を作るよ！

～月々の売上集計から期末決算・確定申告まで

> 開店準備からがんばってきた
> キッズベーカリーも1年が経ったよ！
> 毎月の売上を分析して、1年のお店の通信簿を
> つけなきゃいけないんだ。
> もっとたくさんの人にケーキを食べてもらう
> ために、この1年を振り返るお店の
> 通信簿を作るよ！

32 日計表の進化形を見てみよう

1日の終わりに作る日計表。1日の取引や売上が一目でわかるお店の「通信簿」です。この通信簿を1カ月単位で作ったら、どんなことがわかるのでしょう?

keyword

月次試算表
(げつじしさんひょう)
日計表を1カ月分集計したもの

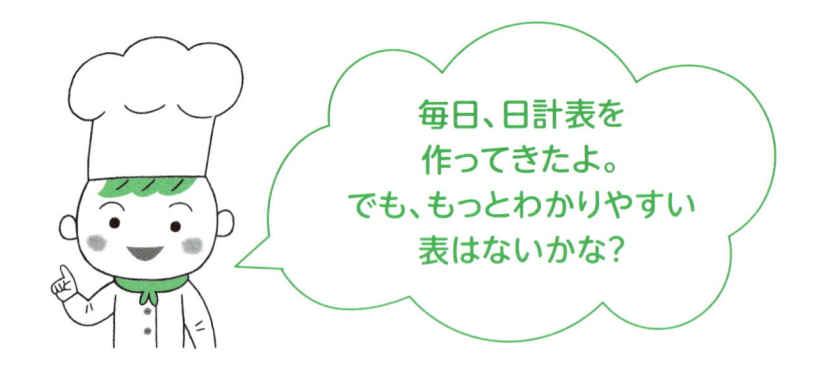

> 毎日、日計表を作ってきたよ。でも、もっとわかりやすい表はないかな?

お店を開店して以来、ケイイチくんは毎日、お店の営業が終わったあとに、その日の取引を集計して日計表を作ってきました。ただ、これも日々溜まってくると、レシートがたくさんあるのと同じようにわかりづらくなります。そこで勘定科目ごとに1カ月分を集計して、日計表に合計転記した表を作ることにしました。

日計表の進化版　月次試算表

```
6月残高    40,000 ❶
＋増えた分  748,800 ❷
－減った分  728,800 ❸
7月残高    60,000 ❹
```

現金残高が今は60,000円あるということだね

月次試算表　20XX年7月1日〜7月31日

左側			名前	右側		
当月末残高	月中取引高	前月末残高	(勘定科目)	前月末残高	月中取引高	当月末残高
❹60,000	❷748,800	❶40,000	現　　　金		❸728,800	
⋮	⋮	⋮	普 通 預 金	⋮	⋮	⋮
			売 掛 金			
			車　　　両			
			備　　　品			
			買 掛 金			
			借 入 金			
			資 本 金			
			配 達 売 上			
			店 頭 売 上			
			仕　　　入			
			その他の費用			
×××	×××	×××	総 合 計	×××	×××	×××

　日計表の進化版、それが上の**月次試算表**です。勘定科目を中心にして、左半分は増えた金額、右半分は減った金額を記入します。これは日計表と同じです。ただし、日計表では左右縦1列ずつだったのが3列ずつに増えました。

　また、日計表は左右それぞれ1日の合計額だけでしたが、**月次試算表では左右の差し引きで残高がどれくらいあるのかがわかります**。左右各中央の列は、その月の取引合計額。日計表を1カ月分足したものです。その内側は、前の月の残高。その前月残高と今月の合計を足し引きして、左右一番外側の縦の列のどちらか（勘定科目の「＋」「－」に従う）に残った金額を書きます。

　たとえば、勘定科目「現金」の左外側の当月末残高は60,000で、内側の前月末残高が40,000。これで前の月より20,000増えたことがわかります。今月増えた分（前月末残高＋今月の取引合計748,800）から、勘定科目右側の今月減った分（取引合計728,800）を引けば出てきますね。

月次試算表でわかること

	左側			名前	右側		
	当月末残高	月中取引高	前月末残高	(勘定科目)	前月末残高	月中取引高	当月末残高
	60,000	748,800	40,000	現　　金		728,800	
	⋮	⋮	⋮	普 通 預 金	⋮	⋮	⋮
				売 　掛 　金			
				車　　　両			
				備　　　品			
				買　 掛 　金			
				借 　入 　金			
				資　 本 　金			
				配 達 売 上	1～6月の累計売上		1～7月の累計売上
				店 頭 売 上			
				仕　　　入			
				その他の費用			
	×××	×××	×××	総　 合 　計	×××	×××	×××

[月次試算表] 20XX年7月1日～7月31日

❶今月の入金合計
❷今月の現金残高と預金残高
❸現金・預金以外の資産の残高
❺今月かかった費用
❶今月の出金合計
❸買掛金・借入金など負債の残高
❹月間売上と累計売上額

月次試算表でわかることは5つあります。

❶ 1カ月でどれくらいのお金が動いたか？
　これは左右中央の列「**月中取引高**」を見ます。左側は入ってきたお金なので、今月の入金合計。右側は減ったお金なので、今月の出金合計がわかります。その差額を出せば、今月はお金が増えたのか、減ったのかがわかります。

❷ 月末にいくら現金や預金が残っているのか？
　「現金」「普通預金」の左側の当月末残高を見ればわかります。今、お店にはいくらお金があるのかは、ここを見ます。

❸ 月末時点で、現金や普通預金以外の資産、または負債がどのくらいあるのか？
　資産はうれしいお金だから左側。「カネ・モノ・ケンリ」が資産ですが、「カネ」は現金や普通預金だから除外します。

売掛金は、品物は売ったけれど、その代金がまだ入ってきていないお金。つまり、あとからお金をもらえる「ケンリ」なので資産になります。備品や車両も、お店が持っている「モノ」。これも大切な資産です。

一方の負債。負債はいずれ支払う、返済する義務があるお金でした。そのため、借入金と買掛金の右側を見れば負債の合計がわかります。

❹ 1カ月でどのくらいの売上げがあったのか？

「売上」の右半分を見ます。ケイイチくんのお店は店頭売上と配達売上を分けて集計しているので、この2つを見ればOKです。中央の列は今月だけの売り上げ。内側の列は1年間のうち、商売を始める月から、前の月までの累計額。たとえば、今が7月であれば、ケイイチくんがお店の準備を始めたのが1月なので、1月から6月までの売上累計。そして、外側の列は前の月までの合計額に今月分の売上額を足した累計額をあらわします。

❺ 1カ月でどのくらいの費用がかかったか？

今月は費用を支払ったり、仕入れをするために、現金や普通預金をどのくらい支払ったのか？「仕入」や「その他の費用」の左側中央の列を見れば、買いすぎとか使いすぎとかがわかります。

実は、表の勘定科目の選び方次第で、もっとたくさんのことがわかるのですが、まずはこの5つを覚えてください。

最終チェック＝会計監査

お店や会社の会計記録や処理などに「間違いやウソはないかな？」と、担当者とは別の人が確認することを会計監査といいます。いわば最終チェック。ここでミスがあれば修正します。

33 試算表を作る練習をするよ

いろいろなことがわかる便利な月次試算表。
日計表の進化形ですから、作り方は日計表を作る方法と大きな違いはありません。その作り方を学びます。

keyword
試算表の種類
合計試算表、残高試算表、合計残高試算表の3種類がある

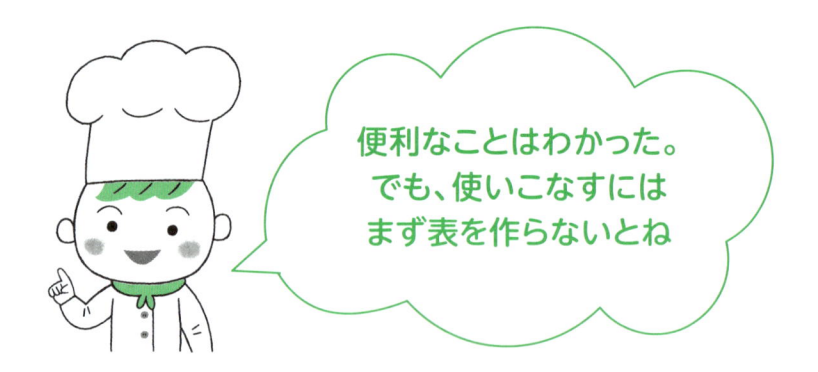

> 便利なことはわかった。
> でも、使いこなすには
> まず表を作らないとね

日計表の進化形、月次試算表。1カ月ごとの残高やその月のお金の動き、前の月との比較。さらに勘定科目の数字の枠の組み合わせ次第でいろいろなことがわかります。ただし、いくら便利でも作れないと使いこなせません。お店を始めて3カ月が経ったケイイチくんも月次試算表作りにチャレンジします。

月次試算表を作る❶

ある商店の日計表　8月1日～8月30日

左側合計	名前（勘定科目）	右側合計
805,000	現　　　金	477,000
200,000	備　　　品	
	借　入　金	150,000
	資　本　金	300,000
	売　　　上	555,000
321,000	仕　　　入	
21,500	交　通　費	
33,300	水道光熱費	
26,200	消　耗　品	
75,000	支払家賃	
1,482,000	総　合　計	1,482,000

　では、1カ月の取引を試算表に集計する練習をしましょう。
【例題】
　ある商店の8月1日から30日までの「日計表の合計」は表のとおりでした。ここに8月31日の取引を帳簿に記録し、日計表に加えて、8月31日時点の試算表を作ってください。以下は8月31日の取引内容です。
　❶月末なので、現金で借入金30,000円を返済した。
　❷材料を仕入れ、現金11,000円を支払った。
　❸タクシーに乗って、現金2,000円を支払った。
　❹1日の売上げは19,800円で、すべて現金で受け取った。

月次試算表を作る❷

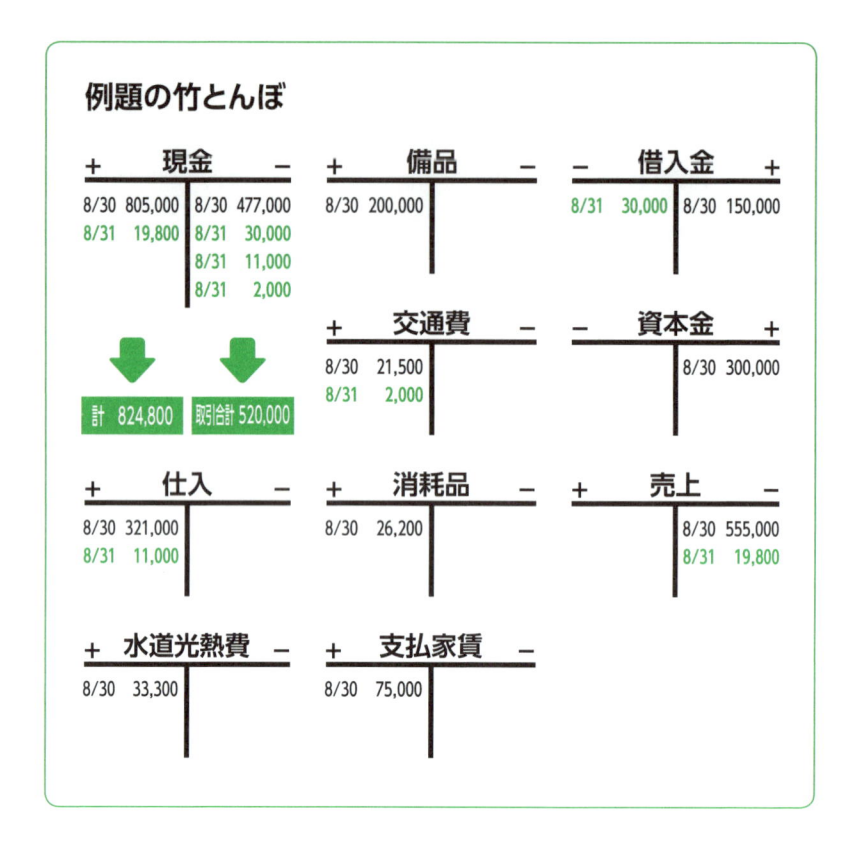

例題の竹とんぼ

```
+      現金      −              +      備品      −              +      借入金      +
8/30  805,000  8/30  477,000    8/30  200,000                   8/31   30,000  8/30  150,000
8/31   19,800  8/31   30,000
               8/31   11,000
               8/31    2,000

                                +      交通費      −              +      資本金      +
                                8/30   21,500                                    8/30  300,000
  計 824,800   取引合計 520,000    8/31    2,000


+      仕入      −              +      消耗品      −              +      売上      +
8/30  321,000                   8/30   26,200                                    8/30  555,000
8/31   11,000                                                                    8/31   19,800


+    水道光熱費   −              +     支払家賃    −
8/30   33,300                   8/30   75,000
```

　手順は、レシートや納品書の数字を竹とんぼに個別転記して、それをさらに日計表に転記するときと同じです。まず、レシートを竹とんぼに転記したものが上の図です。各竹とんぼの数字、上の段は8月30日までの合計額。その下に31日の各取引額を書き入れたものです。特に「現金」の竹とんぼの右側。これは個別転記でも1日の合計転記でもかまいません。

　次に、月次試算表に竹とんぼの数字を転記します。P.115を見ながら、差額を計算できる科目はしっかりと計算して数字を書き入れます。そして、完成版の月次試算表がP.117の表です。

> 現金10万円を資本に7/31に開業したばかりの、別のお店の月次試算表を見せてもらったよ!

月次試算表　　　　　　　　　　20XX年8月1日〜8月31日

左側			勘定科目	右側		
8月残高	取引合計	7月残高		7月残高	取引合計	8月残高
404,800	824,800	100,000	❶現　　金		520,000	
200,000	200,000		備　　品			
	30,000		❷借　入　金		150,000	120,000
			❸資　本　金	100,000	300,000	400,000
			売　　上		574,800	574,800
332,000	332,000		仕　　入			
23,500	23,500		交　通　費			
26,200	26,200		消 耗 品 費			
33,300	33,300		水 道 光 熱 費			
75,000	75,000		支 払 家 賃			
1,094,800	1,544,800	100,000	総　合　計	100,000	1,544,800	1,094,800

　前提として資本金の欄の7月残高に100,000とありますが、7月31日に現金100,000円を元入れして商売を始めたばかりのお店という設定です。では、個別に確認しましょう。

- ❶ まず「現金」。7月に資本金として入れた100,000円に、8月に増えた824,800円を足す。一方、仕入や備品購入で減ったのは520,000円だから、8月残高として差額の404,800円を左端の欄に書き入れました。
- ❷「借入金」は、今月150,000円を借りたけれど、月末に30,000円返したので、差額の120,000円を右端の欄に書き入れました。
- ❸「資本金」は、8月も300,000円を入れたので、7月末までの分と合わせて400,000円になったことを右端の欄に書き入れました。その他は、8月の取引額がそのまま8月残高になります。

34 キッズベーカリーの月次試算表は？

月次試算表の作り方や読み方を学んだところで、ケイイチくんのお店「キッズベーカリー」の月次試算表を見てみましょう。ケイイチくんのお金のやり取りを分析します。

keyword
売掛金、買掛金の減少
売掛金を回収したとき、買掛金を支払ったときにそれぞれ金額が減少する

> あれ、なんでここに数字が入っているの？間違えたかな……？

ケイイチくんが日々営業を終えたあとに集計した日計表。オープンから3カ月後の7月の日計表を1カ月分まとめて作った月次試算表が次のページの表です。ひと月の売り上げが1,307,400円。現金や普通預金が2,783,800円。ケイイチくんのお店、なかなか繁盛していますね。月次試算表は1カ月分のお店で起こったお金のやり取りがあらわされています。より細かく月次試算表を読み解いていきます。

あれ、何でここに数字が入っているの？

月次試算表　　　　　　　　　　　　　20XX年7月1日～7月31日

左側			名前	右側		
当月末残高	月中取引高	前月末残高	(勘定科目)	前月末残高	月中取引高	当月末残高
60,000	748,800	40,000	現　　　金		728,800	
2,723,800	1,076,300	2,027,200	普 通 預 金		379,700	
573,300	573,300	525,000	売　掛　金		?525,000	
400,000		400,000	車　　　両			
100,000		100,000	備　　　品			
	?365,000		買　掛　金	365,000	387,500	387,500
			借　入　金	500,000		500,000
			資　本　金	300,000		300,000
			配 達 売 上	1,575,000	573,300	2,148,300
			店 頭 売 上	2,002,500	734,100	2,736,600
1,513,100	387,500	1,125,600	仕　　　入	←7月の売上		
702,200	177,500	524,700	その他の費用			
6,072,400	3,328,400	4,742,500	総　合　計	4,742,500	3,328,400	6,072,400

現金＋普通預金

あれれ？
売掛金と買掛金の金額が、それぞれ逆側にも書かれているぞ？

　ところで、この表で「あれっ？」って思った部分、ありませんか？　売掛金と買掛金の段を見てみましょう。**本来、竹とんぼと同じく売掛金は左側、買掛金は右側に書くはずです。**買掛金は将来出て行くことが決まっているお金でした。でも、反対側にも数字が入っています。**これにはどちらも後払いということが関係しています。**

売掛金、買掛金の数字が反対側にも入る理由

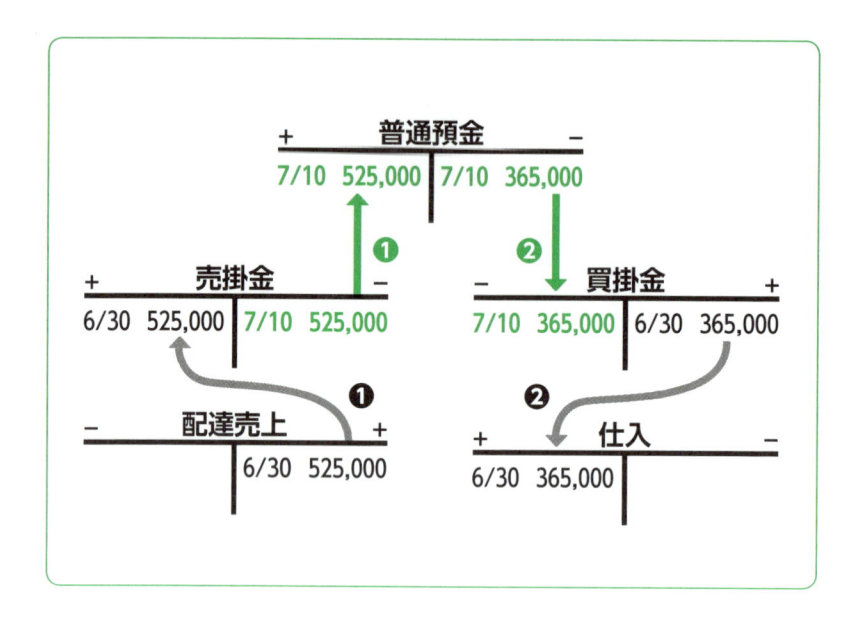

```
           +    普通預金    −
              7/10 525,000  7/10 365,000
                    ↑❶        ↓❷
    +    売掛金    −              −    買掛金    +
   6/30 525,000  7/10 525,000    7/10 365,000  6/30 365,000
                    ❶                 ❷
    −    配達売上   +              +    仕入     −
              6/30 525,000         6/30 365,000
```

　では、上の例題で説明しましょう。前提は、❶6月中の掛け売上525,000円、❷掛け仕入は365,000円。それぞれ7月10日に回収または支払いをする約束です。

　7月10日になり、❶売掛金525,000円が普通預金口座に振り込まれ、❷買掛金365,000円も普通預金口座から支払われました。これを竹とんぼには、図のように書きます。

　売掛金の右側、つまり減少分と同じ額だけ普通預金の左側にお金が入ってきます。これで竹とんぼの左右が同じになったので、プラスマイナスがゼロになります。お金をもらえる「権利」が消えました。

　一方、普通預金から支払って買掛金の約束だった支払い＝返済の義務を守ったので、買掛金の左側に支払った金額365,000円を書きます。これで買掛金もプラスマイナスは、ゼロになりました。

ケイイチくんのお店の月次試算表を、もう一度見てみよう

月次試算表　　　　　　　　　　　　　　20XX年7月1日～7月31日

左側			名前	右側		
当月末残高	月中取引高	前月末残高	(勘定科目)	前月末残高	月中取引高	当月末残高
60,000	748,800	40,000	現　　金		728,800	
2,723,800	1,076,300	2,027,200	普 通 預 金		379,700	
❶ 573,300	573,300	525,000	売　掛　金		525,000	
400,000		400,000	車　　両			
100,000		100,000	備　　品			
❷	365,000		買　掛　金	365,000	387,500	387,500
			借　入　金	500,000		500,000
			資　本　金	300,000		300,000
			配 達 売 上	1,575,000	573,300	2,148,300
			店 頭 売 上	2,002,500	734,100	2,736,600
1,513,100	387,500	1,125,600	仕　　入			
702,200	177,500	524,700	その他の費用			
6,072,400	3,328,400	4,742,500	総 合 計	4,742,500	3,328,400	6,072,400

ケイイチくんが作った月次試算表を見てみましょう。

❶ まず、売掛金。表の左半分にある前月末残高が525,000。これはケイイチくんが喫茶ABCに、6月は525,000円分ケーキを売ったことをあらわしています。一方、右半分の中央の列、月中取引高も525,000と同じ数字です。つまり、喫茶ABCのマスターが、7月に約束通りお金を支払ってくれたことをあらわします。これで6月分売掛金をもらう「権利」は消えました。もう一度、左半分の中央列に戻ると、今月は573,300円分売りました。だから、左端の当月末残高も同じ573,300になっています。

❷ 次に買掛金。右半分の前月末残高は365,000です。6月は○○屋からこの金額分の材料を仕入れたという数字です。さらに左半分の中央、月中取引高にも同じ数字が入っています。ケイイチくんは約束通り、7月に材料費を支払ったことがわかります。**費用が発生したら左に書く**。覚えていますね。

35 試算表から何がわかる?

表の勘定科目の選び方次第で、いろいろなことがわかる月次試算表。具体的には何がわかるのでしょう?
数字の組み合わせ方や読み取るポイントなどを学びましょう。

keyword
合計残高試算表
1カ月ごとの取引合計額と差額計算した残高が記載される表

> どの数字をどうやって見比べたらいいのだろう? このままじゃ数字が並んでいるだけだよ……

月次試算表の作り方をマスターしたケイイチくん。作り終えた8月の月次試算表と7月の月次試算表を見比べながら、8月の成績を分析しようとしています。いろいろなことがわかるはず……と思って見比べても、どうやって見比べたらいいのか迷っているようです。月次試算表を読み解くにはちょっとしたコツがいるのです。

合計残高試算表は読み取れる情報量が多い

[合計残高試算表]　　　　　　　　　　　　　　20XX年8月31日現在

8月残高	取引合計	7月残高	名前(勘定科目)	7月残高	取引合計	8月残高
60,000	612,200	60,000	現　　　金		612,200	
3,118,000	800,500	2,723,800	普 通 預 金		406,300	
420,000	420,000	573,300	売 掛 金		573,300	
400,000		400,000	車　　　両			
100,000		100,000	備　　　品			
	387,500		買 掛 金	387,500	444,000	444,000
			借 入 金	500,000		500,000
			資 本 金	300,000		300,000
			配 達 売 上	2,148,300	420,000	2,568,300
			店 頭 売 上	2,736,600	593,400	3,330,000
1,957,100	444,000	1,513,100	仕　　　入			
1,087,200	385,000	702,200	その他の費用			
7,142,300	3,049,200	6,072,400	総　合　計	6,072,400	3,049,200	7,142,300

　ケイイチくんが作った月次試算表。1つの表に「合計」と「残高」が書かれてあるので、**合計残高試算表**といいます。試算表はほかにも種類があるのですが、合計と残高が記録されている分、情報量が最も多いのが特徴です。

　たとえば、上の表の「現金」の行。左半分の7月残高と8月残高。また左右の取引合計が、ともに同じ数字です。「あれっ？」と思いませんか？　詳しくはP.124で解説しますが、このように疑問や気づきとなるきっかけが、つまり情報がたくさんあるほうが、商売につながるヒントが多くなるのでよいのです。

月次試算表を分析する

　月次試算表からわかる基本的なことはP.110で学習しました。では、数字をどのように読んだらよいのかを説明します。次の2ページにケイイチくんのお店の8月の月次試算表があります。8月のキッズベーカリーの商売を分析します！

月次試算表を読むポイント

合計残高試算表　20XX年8月31日現在

8月残高	取引合計	7月残高	名前(勘定科目)	7月残高	取引合計	8月残高
60,000	612,200	60,000	現　　　金		612,200	
3,118,000	800,500	2,723,800	普 通 預 金		406,300	
420,000	420,000	573,300	売 掛 金		573,300	
400,000		400,000	車　　　両			
100,000		100,000	備　　　品			
	387,500		買 掛 金	387,500	444,000	444,000
			借 入 金	500,000		500,000
			資 本 金	300,000		300,000
			配 達 売 上	2,148,300	420,000	2,568,300
			店 頭 売 上	2,736,600	593,400	3,330,000
1,957,100	444,000	1,513,100	仕　　　入			
1,087,200	385,000	702,200	その他の費用			
7,142,300	3,049,200	6,072,400	総　合　計	6,072,400	3,049,200	7,142,300

❶ ❷ ❸

　月次試算表を分析せよといわれても、いきなりは難しいと思うので、読み解くためのポイントを挙げました。

❶現金と預金の残高は前月と比べて増えたか、減ったか？
　➡それはなぜか？

❷前の月に比べて、売上は増えたか、減ったか？
　➡それはなぜか？

❸前の月に比べて、新しく費用が発生している項目は何か？
　➡それはなぜか？

❹❷今月の売上から❸費用の合計（仕入＋その他の費用）を引いたら、いくらになるか？（＝いくら儲かっているか？）
　➡前の月より増えた（減った）理由は？

　まず、数字の差を比べて、その理由としてどんなことが考えられるのか？　たとえば、季節とか、その他の理由とか、想像力を働かせて考えてください。7月の1カ月分の売上はP.125の表を参照してください。

2カ月分の月次試算表を見比べた分析例

	7月の成績	8月の成績
現　　　金	60,000	60,000
普 通 預 金	2,723,800	3,118,000
配 達 売 上	573,300	420,000
店 頭 売 上	734,100	593,400
仕　　　入	387,500	444,000
その他の費用	177,500	385,000
月 次 利 益 （1ヵ月の儲け）	742,400	184,400

❶防犯のため、現金はお店に置かず銀行へ

❷お盆で営業日が減ったうえ、暑さで客足が遠のき売上大幅ダウン

❸仕入増なのに売上減

❸エアコン買い替え・車修理

❹利益（❷−❸）が前月比マイナス558,000円！

売上代金から仕入や費用の支出を引くと、儲けがぜんぜん残らない！

❶現金は6万円で同じだが、普通預金は7月比で40万円近く増えた
防犯対策として店で保管する現金を減らした。

❷配達売上と店頭売上、8月は7月比で10万円以上ダウン
1 お盆で営業日数が減った。
2 暑くて外出する人が少なかった。

❸7月比で大きく変化した勘定科目は2つ（仕入と費用が増加）
1 仕入：仕入が増えたのに売上が減った（仕入が無駄になった）。
2 その他の費用：8月にエアコンと配達用の自動車が故障。エアコンの買い替えと自動車の修理に20万円近くのお金を支出。

❹7月比で8月は利益が55万8千円も下がった
❷売上から❸仕入・費用を引くと利益が出る。8月は仕入と費用が増加したため、利益が下がった。

商売をする上で、その結果を分析することは大事なのです。

36 | 12月31日は商売の締め日です

学生さんが各学期の最終日に通信簿をもらうように、個人で働く人たちにとって、12月31日は1年に1回の終業式の日。つまり、1年間の商売の通信簿を出す日です。

keyword

決算日(けっさんび)
商売上、1年間の売り上げをまとめる区切りの日

> もう年末かぁ。
> お店も1年の締めくくりを
> しなきゃ

キッズベーカリーを開店して以来、1日の営業が終わったあとには日計表、月末になったら月次試算表を作って、日々の経営を分析しながら一生懸命働いてきたケイイチくん。実はいつの間にか開店準備を始めてから1年が経っていました。1年が経った日は商売にとっても節目となる大切な日です。この日にやるべきことを学びます。

お店の1年

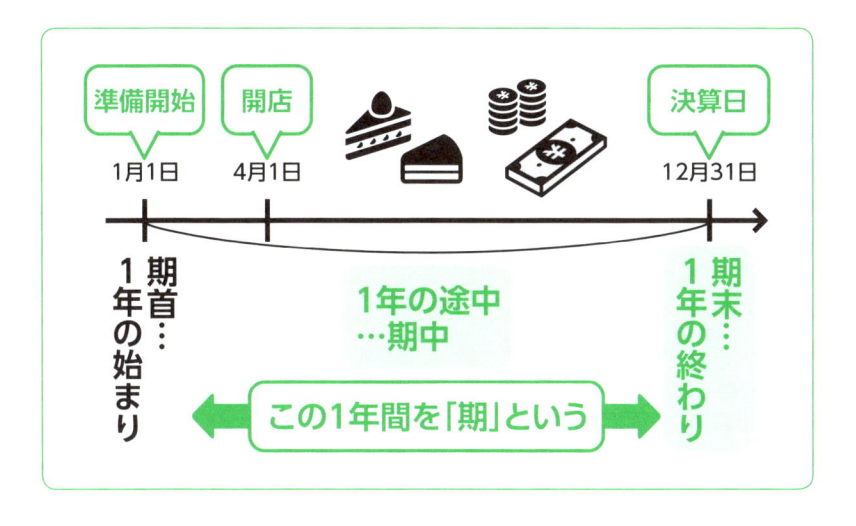

```
準備開始        開店                          決算日
1月1日         4月1日                        12月31日
  |────────────|──────────────────────────────|─────→
  期首…          1年の途中                      期末…
  1年の始まり      …期中                          1年の終わり

         ←── この1年間を「期」という ──→
```

　1年の終わりの日は商売をする人たちにとっては大切な区切りの日です。12月31日は、個人で商店を経営する人や働く人にとって「**決算日**」。決算とは収益と費用を算定し、財産状況を明らかにすることです。学校でいう終業式の日です。また、学校の1学期、2学期と同じように、1月1日から12月31日までの1年間※を商売では「期」。期の始まりを「**期首**」、その途中を「**期中**」、1年の終わりを「**期末**」といいます。

お店の通信簿をつけるのは、経営者

　学校なら先生がつけてくれる通信簿。商売では、もちろん経営者がつけます。成績は日々の取引を通して、どのくらい儲かったのか、あまり儲からなかったのか。そして、通信簿は日々の成績をまとめた日計表や、その日計表を1カ月ごとにまとめた月次試算表です。つまり、1年の最後の日に作る12月の月次試算表が、1年間の通信簿に当たります。

※期首と期末は会社やお店によって異なる場合があります。

ケイイチくんのお店の通信簿

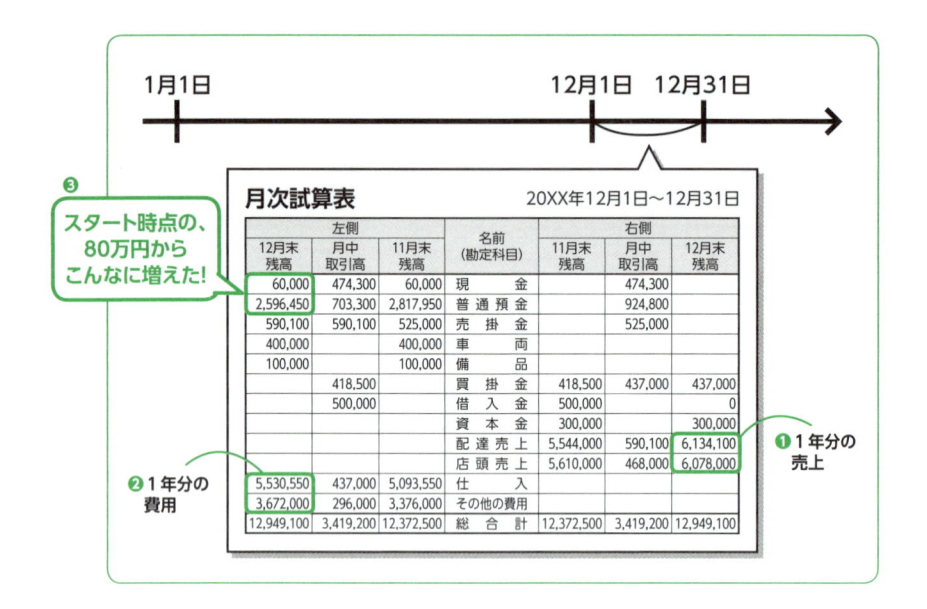

```
        1月1日                                12月1日  12月31日
   ─────┼──────────────────────────────────┼──────┼──────→
```

月次試算表　20XX年12月1日～12月31日

左側			名前	右側		
12月末残高	月中取引高	11月末残高	(勘定科目)	11月末残高	月中取引高	12月末残高
60,000	474,300	60,000	現　　金		474,300	
2,596,450	703,300	2,817,950	普 通 預 金		924,800	
590,100	590,100	525,000	売 掛 金			525,000
400,000		400,000	車　　両			
100,000		100,000	備　　品			
	418,500		買 掛 金	418,500	437,000	437,000
	500,000		借 入 金	500,000		0
			資 本 金	300,000		300,000
			配 達 売 上	5,544,000	590,100	6,134,100
			店 頭 売 上	5,610,000	468,000	6,078,000
5,530,550	437,000	5,093,550	仕　　入			
3,672,000	296,000	3,376,000	その他の費用			
12,949,100	3,419,200	12,372,500	総 合 計	12,372,500	3,419,200	12,949,100

❸ スタート時点の、80万円からこんなに増えた！

❷ 1年分の費用

❶ 1年分の売上

　では、キッズベーカリーの12月の月次試算表を見てみましょう。12月末残高を見れば、1年の成績がわかります。店主としてのケイイチくんの1年間の通信簿です。

- ❶ 1年間にケーキを売った総合計…12,212,100円
  （配達売上と店頭売上を足した額）
- ❷ 1年間の費用…9,202,550円
  （仕入とその他の費用を足した額）
- ❸ 現金＋普通預金…2,656,450円（最初の元手と借入は80万円）

これがケイイチくんの1年間の成績です。がんばりましたね。このほか、この月次試算表から次のこともわかります。

- 喫茶ABC、○○屋との関係は良好（売掛金、買掛金）
  ➡ 11月末残高の延滞がない

売掛金と買掛金の月中取引高減少は11月末残高と同じ。

借入金を返済する日

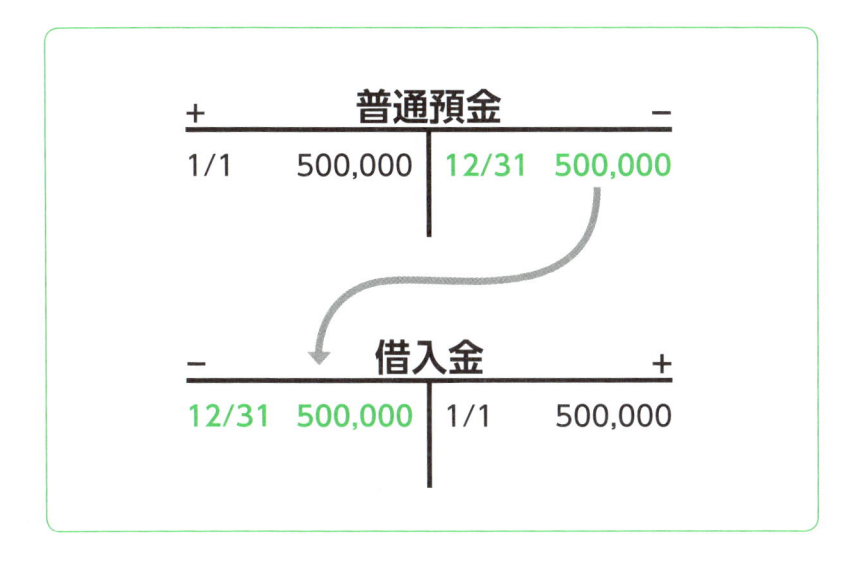

```
         + 普通預金          −
1/1    500,000 | 12/31  500,000

         −  借入金           +
12/31  500,000 | 1/1    500,000
```

　ところで表の借入金の欄に注目。借りていた金額を示す右側の11月末残高のほかに、左側の月中取引高にも同じ数字が入っています。これは何を意味するのか？　ケイイチくんはお店を開店するとき、自己資本30万円だけだと不安だから、銀行に融資のお願いをして50万円を借りました（P.14）。そのとき約束した返済日は12月31日でした。つまり、約束通り銀行に借入金を返済できたのです。ケイイチくん、がんばりました！　では、その取引を竹とんぼで見てみましょう。

　勘定科目「普通預金」の右側と、「借入金」の左側にそれぞれ500,000と書きます。これは借入金500,000円を普通預金から支払ったという意味です。すると、借入金の竹とんぼの左右がイコールになってプラスマイナス・ゼロ。つまり、借入金がなくなり返済義務は消滅したということです。これを試算表で見ると、借入金の左側に500,000とあって、逆に一番右側、12月末残高はゼロになりました。

37 決算日の時点で設備はいくら？

店主としてのケイイチくんの1年間の通信簿は出ました。でも、実はその商売で使った設備・道具にも通信簿みたいなものがあるのです。それってどういうことでしょう？

keyword
耐用年数
法律で定められた、予想される設備の寿命

> えっ、物にも通信簿があるの？どうやって評価するの？

　ケイイチくん、お店を開店するときに配達用の自動車を40万円で、パソコンを10万円でそれぞれ買いました。それを毎日、商売のために使い続け、決算日を迎えました。両方ともお店の大切な資産ですから、通信簿に記録しないといけません。でも、1年間使って少し古くなったのに、買ったときと同じ値段でいいのかな？

古くなった物の価値は下がる

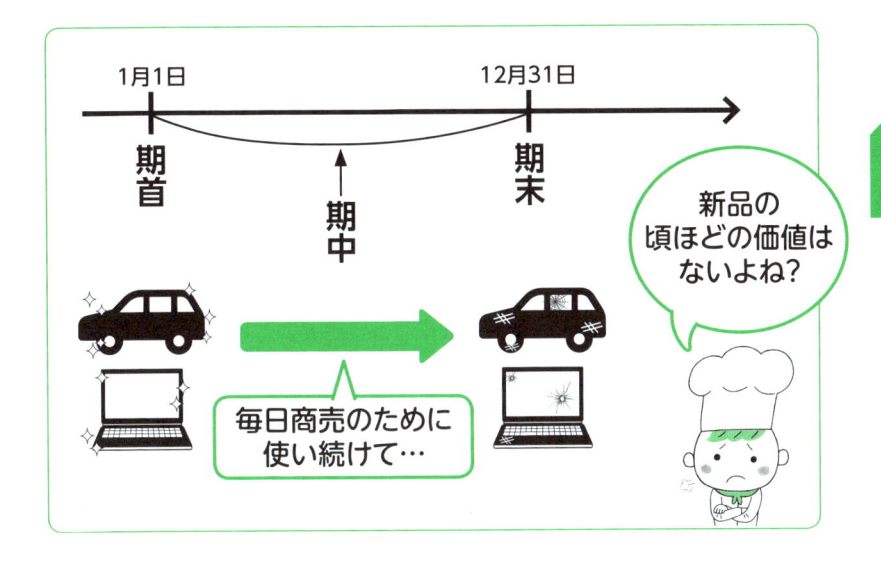

```
1月1日              12月31日
  |                   |
 期首   →期中→        期末
```

新品の頃ほどの価値はないよね？

毎日商売のために使い続けて…

　たとえば、新品と１年間使った同じ品物が、同じ値段で売られているとします。どちらを買いますか？　ファンやマニアなどごく一部の人が好む物を除けば、古くなった物の値段は新品より下がります。これは商売で使う設備や道具も同じです。物は使うと古くなります。古くなって価値が下がった分は、いくら下がったのか計算しなければなりません。では、その価値をどうやって決めるのでしょうか？

簿記を学ぶ目的とは？

帳簿をつけられるようになること。それも大切ですが、実は数字からさまざまなことを読み取り、分析し、対策を考えて、実行できるようになることも目的なのです。商売の強い武器ですね。

耐用年数という考え方

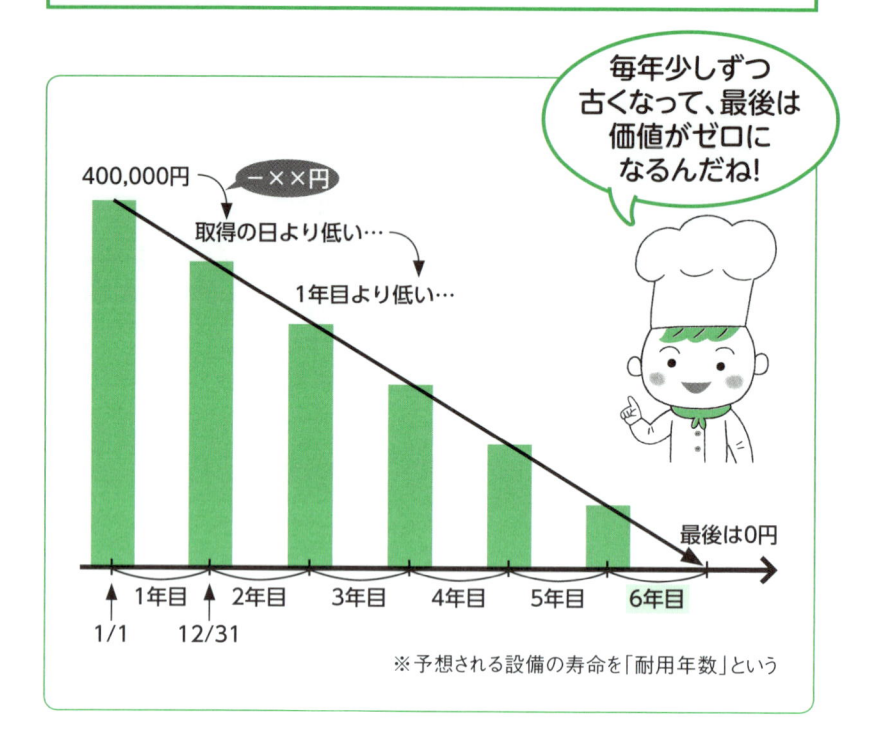

400,000円 −××円
取得の日より低い…
1年目より低い…
最後は0円

1年目 2年目 3年目 4年目 5年目 6年目
1/1 12/31

毎年少しずつ古くなって、最後は価値がゼロになるんだね!

※予想される設備の寿命を「耐用年数」という

　商売で使う設備の評価の仕方を、キッズベーカリーの配達用の自動車を例に説明します。

　この車を6年間使うとして、図のように毎年少しずつ価値が下がり、丸6年使うと価値がゼロになると考えます。この、予想される設備の寿命を「**耐用年数**」といいます。たとえば、自動車の耐用年数は6年と法律で決められています（＝法定耐用年数）。自動車は6年間使えば、十分古くなって価値としてはゼロと考えるのです。

　これはケイイチくんが40万円で買った車も、別の人が300万円で買った高級車も同じ。6年間で6,000キロしか走っていない車と60万キロ走った車も同じですし、もうこれ以上使えないという車も、まだまだ十分使える車も同じなのです。

物の価値の決め方

さまざまな物の法定耐用年数の例

- 車…6年
- 店舗建物…39年（鉄筋コンクリート）
- 机・イス…15年（金属）
- 金庫…20年
- 看板…3年
- パソコン…4年
- 陳列棚…8年

　物の使い方は人それぞれ違います。では、その差を誰がどうやって公平に評価するのか？　現実的には難しいことです。そのため会計の考え方としては、誰もが同じ考え方で価値を評価するようにしたのです。自動車や備品など、設備の価値の考え方をまとめると、以下のようになります。

- 最初はその設備を買うためにかかったお金で評価する。
- 使用している間は少しずつ古くなり、価値が下がっていく。
- その設備の寿命がきたら、価値はゼロになると考える。

　このようなルールで設備の価値を評価するということを、しっかりと覚えてくださいね。

耐用年数を超えた設備はどうなるの？

あくまでも帳簿上価値がなくなるだけ。「耐用年数を超えたから即廃棄せよ」とはなりません。使える間は使い続けてOK。エコロジーな時代、物は大切にしましょう。

38 設備の価値はどのくらい減った？

毎年少しずつ価値が下がる、使っている設備。
金額に換算するとどのくらい下がっているのでしょうか？
これがわからないと帳簿に書き残せません。

keyword
定額法
毎年、同じ金額（定額）だけ価値が減ると考えて計算する方法

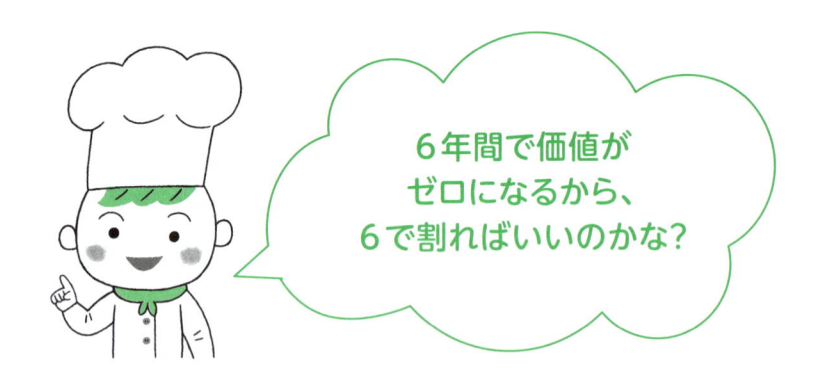

> 6年間で価値が
> ゼロになるから、
> 6で割ればいいのかな？

　6年後には価値がゼロになる、キッズベーカリーで使っている配達用の自動車。でも、それまでの6年間、下がっていく設備の価値を、その年ごとに金額にあらわさないと帳簿には書き残せません。そのやり方ですが、実はケイイチくんがいうように毎年同じ金額ずつ減るという考え方もアリなのです。

毎年同じ金額だけ価値が減る「定額法」

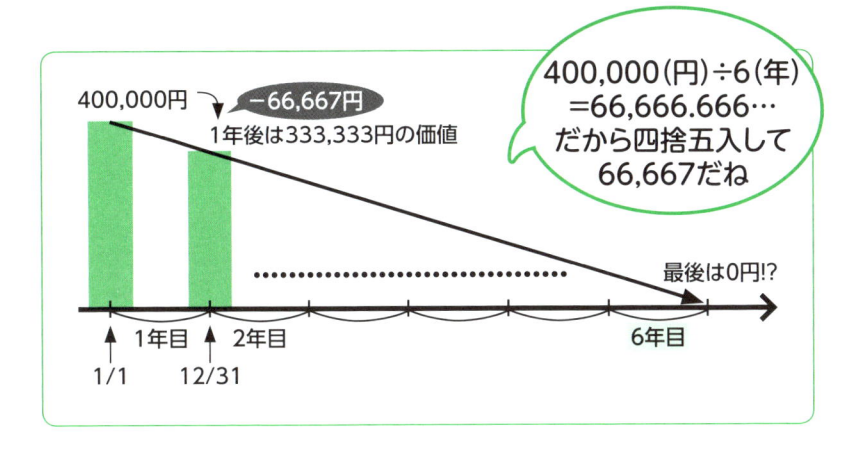

400,000円 → −66,667円
1年後は333,333円の価値

400,000(円)÷6(年)
=66,666.666…
だから四捨五入して
66,667だね

最後は0円!?

1年目　2年目　　　　　　　　　6年目
1/1　　12/31

　毎年古くなって価値が減っていく設備の価値の計算方法は、最初に買った値段を耐用年数で割り、1年あたりの金額を定額法で引いていって、最後に価値がゼロになるようにします。

　実際に計算してみましょう。40万円で買った自動車を6年間で割ると、1年で66,666.666…なので、小数点以下を四捨五入すると66,667。毎年66,667円ずつ減っていくと考えます。買ってから1年後の自動車の価値は400,000円−66,667円なので、333,333円となります。こうして毎年少しずつ価値が減っていく設備を金額に置き換えて帳簿に書き残していきます。**このような毎年同じ金額（定額）だけ価値が減ると考えて計算する方法を定額法といいます**。※

耐用年数がきたら"0"円にするの?

"0"円にしてしまうと、帳簿から完全に消えたことになるので、実際は最終年度に残高が1円になるように、減価償却費を調整します。

※初めの年の減り方が多く、年とともに減り方が減少する方法は「定率法」といいます。

39 | 価値が減ったらどう書くの？

購入した設備は、毎年同じ金額で価値が下がっていくことがわかりました。これでようやく帳簿に書き残せます。その書き方を学びます。

keyword

減価償却（げんかしょうきゃく）

設備が古くなった分を決算日に費用として計算される金額

> 価値が減っても、設備はお店の財産だよね。だから、こう書けばいいのかな？

　使っている設備の価値が減った分を、帳簿に記録しようとしているケイイチくん。価値が落ちても、設備はお店の大切な財産。お店で商売をするのに、まだまだ役に立ってくれます。でも、設備を買ったときの書き方は覚えていても、減った分をどんな勘定科目で記録したらいいのか、まだ少しわかっていないようです。

費用や損失が発生したら竹とんぼの「左側」

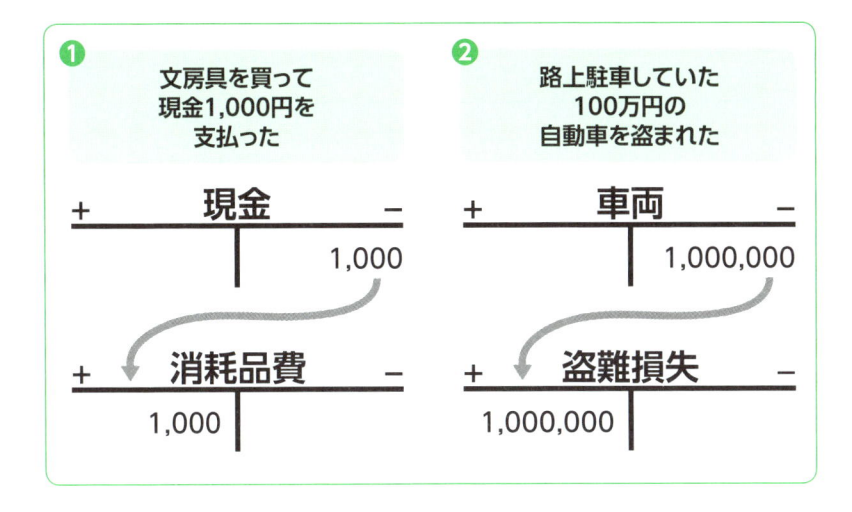

❶ 文房具を買って現金1,000円を支払った

```
+     現金      −
              1,000
                ↓
+   消耗品費    −
    1,000
```

❷ 路上駐車していた100万円の自動車を盗まれた

```
+     車両      −
            1,000,000
                ↓
+   盗難損失    −
   1,000,000
```

　まず、設備などの財産（カネ・モノ・ケンリ）が減ったときの竹とんぼの書き方を再確認します。

❶文房具を買って現金1,000円を支払った

　勘定科目「現金」の竹とんぼの右側に1,000。文房具は消耗品だから、勘定科目「消耗品費」左側に1,000と書き入れます。

❷100万円の自動車を路上駐車していたら盗まれた

　まず自動車の勘定科目は「車両」。金額は1,000,000。出ていったから竹とんぼの右側に書きます。問題は下の段の竹とんぼです。金額は❶と同じように左側。勘定科目は「盗難損失」になります。「盗難損失」という勘定科目は、車両という財産が減った原因なので、費用になります。実際には損失ですが、損失も費用に含まれると考えてください。一方的に損をした場合でも、費用として帳簿に書きます。**「費用または損失が発生したら左側に書く」**。大切なルールです。

減った価値を帳簿に書く

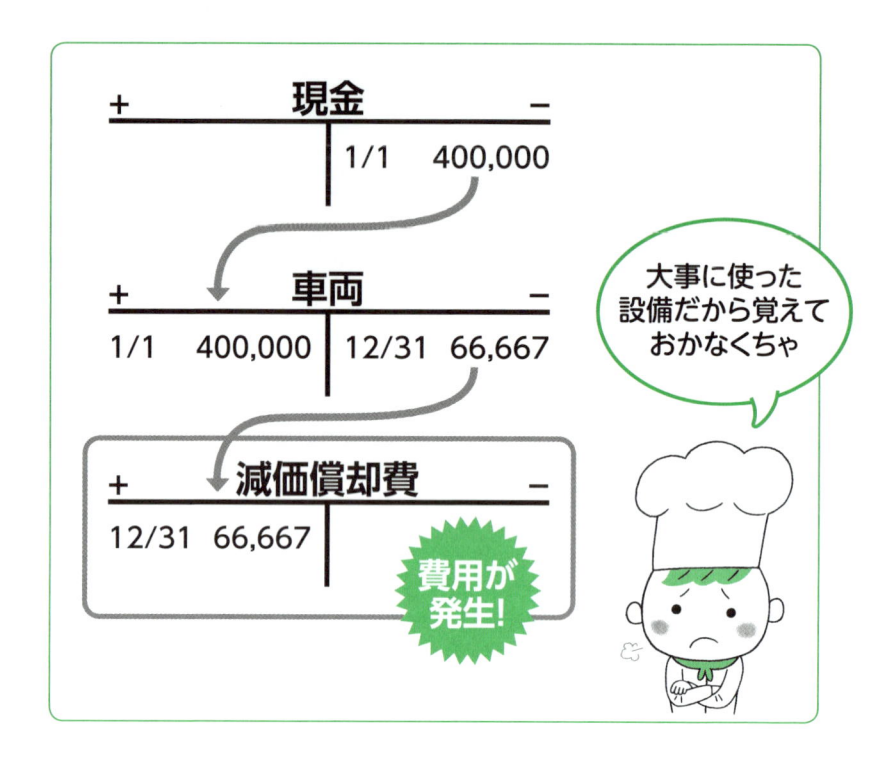

```
  +      現金       −
         |  1/1   400,000

  +      車両       −
 1/1  400,000 | 12/31  66,667

  +    減価償却費    −
 12/31  66,667
```

費用が発生！

大事に使った設備だから覚えておかなくちゃ

　1月1日に現金40万円で買った自動車。耐用年数6年を定額法で計算すると、1年で66,667円ずつ価値が減ると考えます。つまり、買ってから1年後の価値は333,333円になります。これを竹とんぼに書きます。まず勘定科目「現金」の右側と、「車両」の左側にそれぞれ400,000を書きます。

　次に買った1年後の12月31日。定額法で算出した66,667円を「車両」の竹とんぼの右側に書きます。車両から66,667円分の財産が減ったという意味です。財産が減るということはつまり、費用が発生することなので、その分を別の竹とんぼの左側に記入します。これで帳簿に記録できました。そして、このときに使う勘定科目を「**減価償却費**」といいます。

価値が減った分だけ消す「減価償却費」

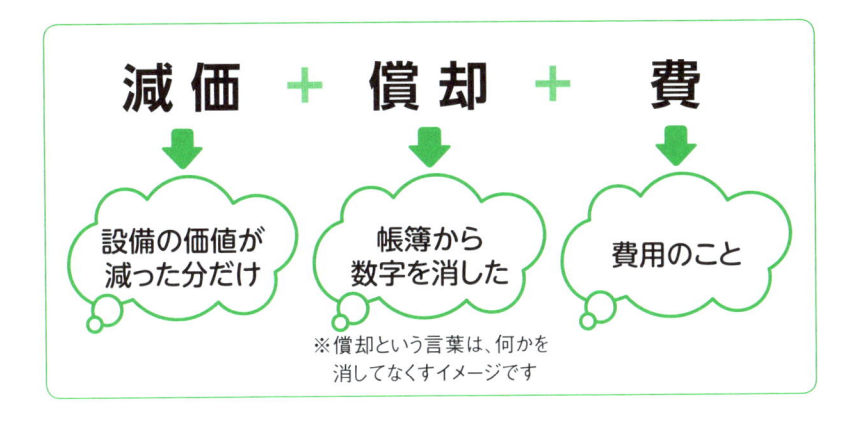

減価 + 償却 + 費

- 減価 → 設備の価値が減った分だけ
- 償却 → 帳簿から数字を消した
- 費 → 費用のこと

※償却という言葉は、何かを消してなくすイメージです

　漢字ばかりが並んで、一見難しそうな印象の減価償却費ですが、小さく分解すると、その意味がもう少しわかりやすくなります。

減価 ➡ 設備の価値が減った分だけ
償却 ➡ 帳簿から数字を消した
費 ➡ 費用のこと

　つまり、建物・車両・備品などの設備が古くなった分を、法律で決められた年数に基づいて見積り計算し、毎年の決算日の時点で費用として計上する項目のことです。

　減価償却費の帳簿のつけ方、わかりましたか？　1年間の商売の通信簿に書きこむ大切な科目なので、忘れないでください。

"車両"の右側に直接減少した分を書く方法

　ここでは「車両」の竹とんぼの右側に直接66,667円と書いて減らしています。このような書き方を「直接法」といいます。

40 決算日のあとは何をするの?

決算日を迎え、1年間の商売の通信簿が出たケイイチくん。
学生なら通信簿をもらったら休みに入れるけど、
商売をしているとそうはいきません。
大事な義務が残っています。

keyword

確定申告書
かくていしんこくしょ

1年間の儲けに対してかかる税金を計算し、税務署へ提出する書類※

> お店の通信簿ができた!
> えっ、
> でもまだやることがあるの?

12月31日の決算日に、12月分の月次試算表や1年間で価値が下がったお店の設備の減価償却費の計算を終えたケイイチくん。でも、通信簿を完成させたから終わりではありません。決算日のあとに「総まとめ」が残っています。確認して、必要に応じての修正と、修正後の試算表作り。そして、税金の納付が残っています。

※確定申告書のほか、申告内容に応じて、給与所得や公的年金等の源泉徴収票(原本)、医療費の領収書等の必要書類を準備します。

140

お店の通信簿が完成したら、確定申告書を作る

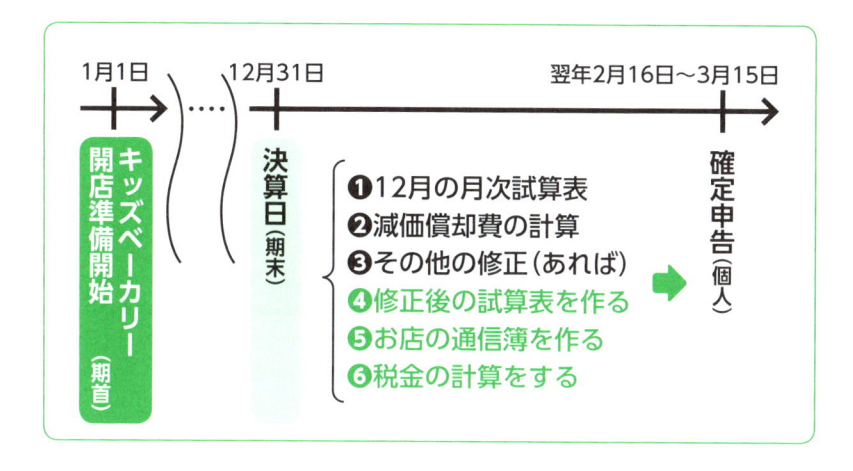

```
1月1日         12月31日              翌年2月16日〜3月15日
 ┼──→ ⋯⋯ ──┼────────────────┼──→
 キ            決             ❶12月の月次試算表        確
 ッ            算             ❷減価償却費の計算        定
 ズ開           日             ❸その他の修正(あれば)     申
 ベ店           (              ❹修正後の試算表を作る   ➡ 告
 ー準           期             ❺お店の通信簿を作る     (
 カ備           末             ❻税金の計算をする       個
 リ開           )                                  人
 ー始                                              )
 (
 期
 首
 )
```

　お店の通信簿を完成させたら、税金の計算をして、**確定申告書**を作り、税金を納めます。確定申告書とは、1年間の儲けに対してかかる税金を計算して、税務署という国の組織に、お店の通信簿と一緒に提出する書類です。つまり、「私はこの1年間、これだけ利益が出たので、決められたこの金額を税金として納めます」という報告書みたいなものです。

　また税金とは、稼いだお金（利益）の一部を国または地方に納めて、国や地方の運営、たとえば政治や治安維持・福祉などに役立ててもらうお金です。そのため、税金は国民の義務、社会の「会費」ともいえます。

「税」の字の意味

元々、年間の収穫の中から、その一部を抜き出し上納させる稲のことで、意味としては「貢」=政府が人民から取り立てる稲をあらわします。「税」で苦労するのは、今も昔も不変のようです。

41 修正したあとの試算表を作る

1年間のお店の通信簿を作ったケイイチくん。
でも、まだやることが残っています……。
必要に応じての修正と修正後の試算表作りを学びます。

keyword

決算整理（けっさんせいり）

決算の時点で試算表の修正をすること

> あっ、この勘定科目の数字を入れてなかった!

　ケイイチくん、キッズベーカリー店主として1年間の成績表を作った……はずでしたが、見直したら一部修正しないといけない箇所を発見しました。設備の価値が減った分を計算する「減価償却費」が書かれていなかったのです。早速、修正して正しい月次試算表を作らないといけません。減価償却費の計算と試算表の修正作業をします。

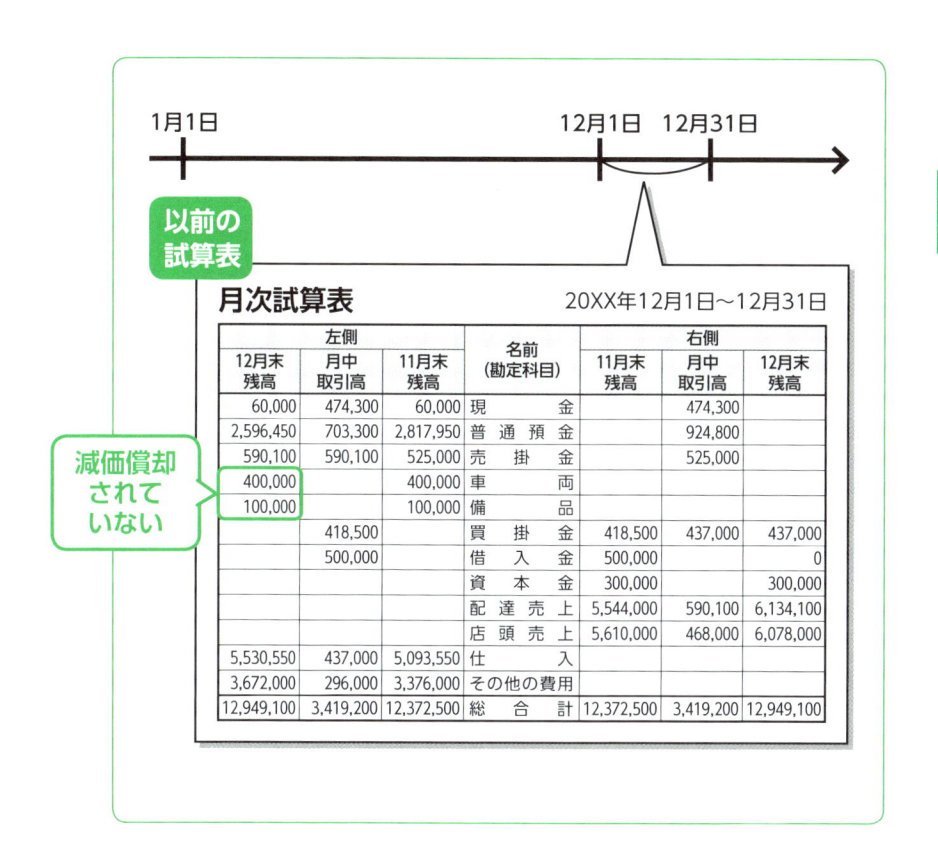

試算表には減価償却後の金額を書く

```
1月1日                    12月1日 12月31日
──┼────────────────────────┼───┼──→
                              ⌣
```

以前の試算表

月次試算表　　20XX年12月1日〜12月31日

左側			名前	右側		
12月末残高	月中取引高	11月末残高	(勘定科目)	11月末残高	月中取引高	12月末残高
60,000	474,300	60,000	現　　　　金		474,300	
2,596,450	703,300	2,817,950	普 通 預 金		924,800	
590,100	590,100	525,000	売 掛 金		525,000	
400,000		400,000	車　　　両			
100,000		100,000	備　　　品			
	418,500		買 掛 金	418,500	437,000	437,000
	500,000		借 入 金	500,000		0
			資 本 金	300,000		300,000
			配 達 売 上	5,544,000	590,100	6,134,100
			店 頭 売 上	5,610,000	468,000	6,078,000
5,530,550	437,000	5,093,550	仕　　　　入			
3,672,000	296,000	3,376,000	その他の費用			
12,949,100	3,419,200	12,372,500	総 合 計	12,372,500	3,419,200	12,949,100

減価償却されていない ← 400,000 / 100,000

　上の表は12月31日時点でのキッズベーカリーの当初の月次試算表です。「車両」と「備品」の段の左半分、11月末残高と12月末残高の数字を見比べてください。同じ数字になっています。使って古くなった設備は、毎年少しずつ価値が下がっていくと考える「減価償却費」の計算方法を勉強して、実際に金額を出しました。それは帳簿に残すためでしたね。減価償却がされるのは、決算日である12月31日。つまり、間違ったところは、**計算して出した減価償却費ではなくて、買ったときの金額のまま書かれていた12月末残高の欄でした。**

修正用の試算表

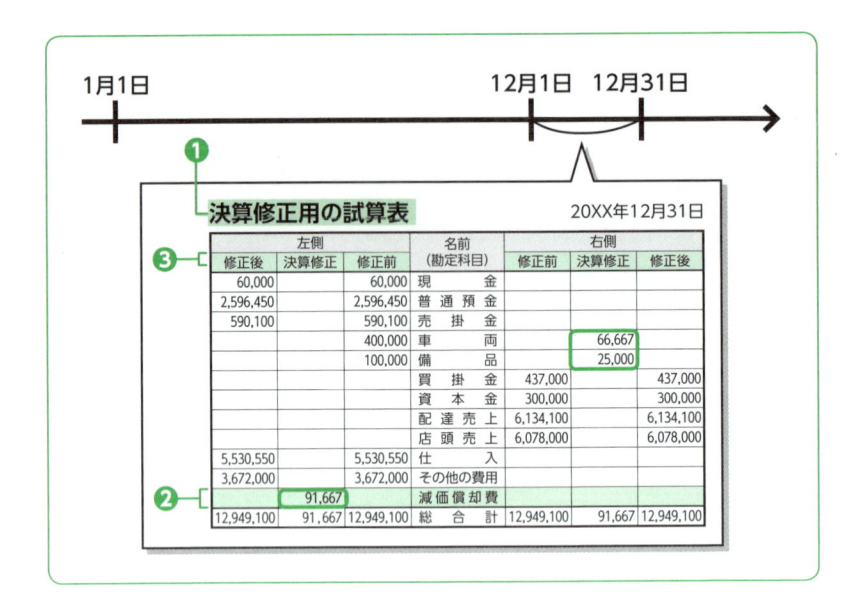

```
                              12月1日 12月31日
1月1日                            ⌒
───┼──────────────────┼──┼────→
```

決算修正用の試算表　　　　　　　　20XX年12月31日

左側			名前	右側		
修正後	決算修正	修正前	(勘定科目)	修正前	決算修正	修正後
60,000		60,000	現　　　金			
2,596,450		2,596,450	普 通 預 金			
590,100		590,100	売　掛　金			
		400,000	車　　　両		66,667	
		100,000	備　　　品		25,000	
			買　掛　金	437,000		437,000
			資　本　金	300,000		300,000
			配 達 売 上	6,134,100		6,134,100
			店 頭 売 上	6,078,000		6,078,000
5,530,550		5,530,550	仕　　　入			
3,672,000		3,672,000	その他の費用			
	91,667		減 価 償 却 費			
12,949,100	91,667	12,949,100	総　合　計	12,949,100	91,667	12,949,100

　減価償却費を加えて修正する試算表が上の表です。これまでの月次試算表と違う点を順番に確認しましょう。

　❶表の見出しが「決算修正用の試算表」に変わりました。
　❷勘定科目の列、下から2番目に「減価償却費」が入りました。
　❸勘定科目の列を中心にして左右の一番上の項目名が変わりました。

　内側の列が「修正前」、中央の列が「決算修正」、外側の列が「修正後」になっています。

　1年間の取引の数字を集めただけでは、減価償却費はわかりませんね。ですから1回計算をしたあとに、追加の修正をしたもの。それが**決算修正用の試算表**です。実際の現場では、あまり修正はありません。修正がなければ、そのまま書き写すだけ。計算して出した減価償却費を書きこんで、試算表を完成させる。手順としてはそれだけです。

減価償却費を書き入れた正しい表を作る

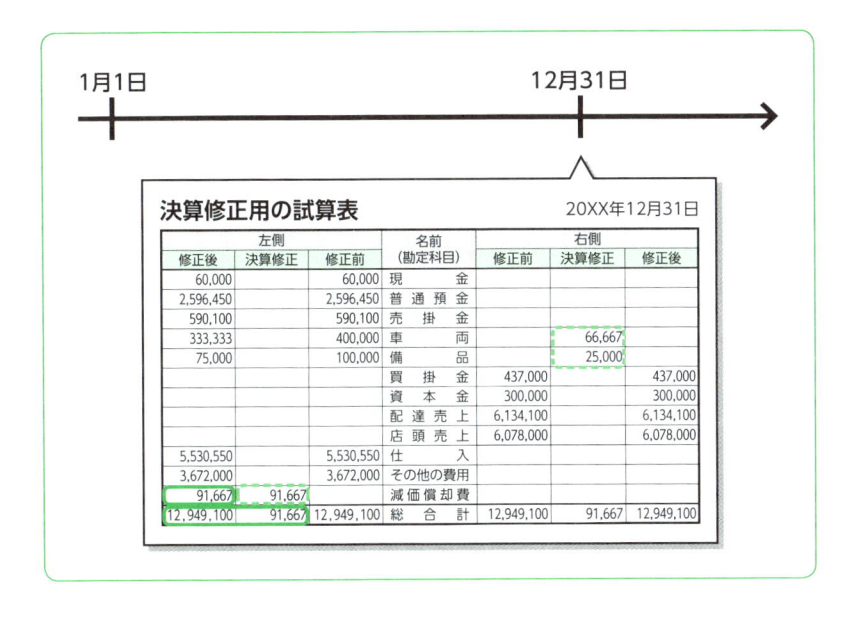

1月1日　　　　　　　　　　　　12月31日

決算修正用の試算表　　　　20XX年12月31日

左側			名前 (勘定科目)	右側		
修正後	決算修正	修正前		修正前	決算修正	修正後
60,000		60,000	現　　　金			
2,596,450		2,596,450	普 通 預 金			
590,100		590,100	売 掛 金			
333,333		400,000	車　　　両		66,667	
75,000		100,000	備　　　品		25,000	
			買 掛 金	437,000		437,000
			資 本 金	300,000		300,000
			配 達 売 上	6,134,100		6,134,100
			店 頭 売 上	6,078,000		6,078,000
5,530,550		5,530,550	仕　　　入			
3,672,000		3,672,000	その他の費用			
91,667	91,667		減 価 償 却 費			
12,949,100	91,667	12,949,100	総 合 計	12,949,100	91,667	12,949,100

　月次試算表を修正しましょう。すでに減価償却費の金額は出しました。40万円で買った配達用自動車の毎年の減価償却費は、耐用年数６年、定額法で計算すると66,667円。10万円で買ったパソコンは、耐用年数４年。定額法で計算すると毎年の減価償却費は25,000円です。この２つの減価償却費を、自動車は勘定科目「車両」の、パソコンは「備品」の、それぞれ右側中央の列「決算修正」の欄に書き入れます。

　次に２つを合計した額、91,667を勘定科目「減価償却費」左側中央の列に書き入れます。「車両」と「備品」は左右の差額を計算して、左外側の列「修正後」の欄に数字を記入。「減価償却費」も、同じように左側「修正後」の欄に数字を書き入れます。このほか、修正の必要がない項目はそのまま数字を書き写して、最後に一番下の段「総合計」の各欄に合計額を入れたら、修正は完了です。

42 | 1年の儲けを計算しよう

減価償却費の金額も修正して、合計残高試算表がついに完成。果たして開業1年目のケイイチくんのお店の成績は？儲けの額が一目でわかる表を作りながら結果を発表します。

keyword

損益計算書
会社やお店の1年が、損か益かの経営成績を示す決算書

> 1年間、がんばってきた結果は……？ドキドキするなぁ！

決算日のあとに行う「総まとめ」、確定申告書の作成に向けてがんばっているケイイチくん。修正後の決算書を作り終わったので、次はいよいよお店の1年間の通信簿を作ります。毎日一生懸命ケーキを焼いて、売ってきたケイイチくんの1年間の結果。キッズベーカリー開店1年目の儲けの金額を出します。

1年間の通信簿がわかる表を作る❶

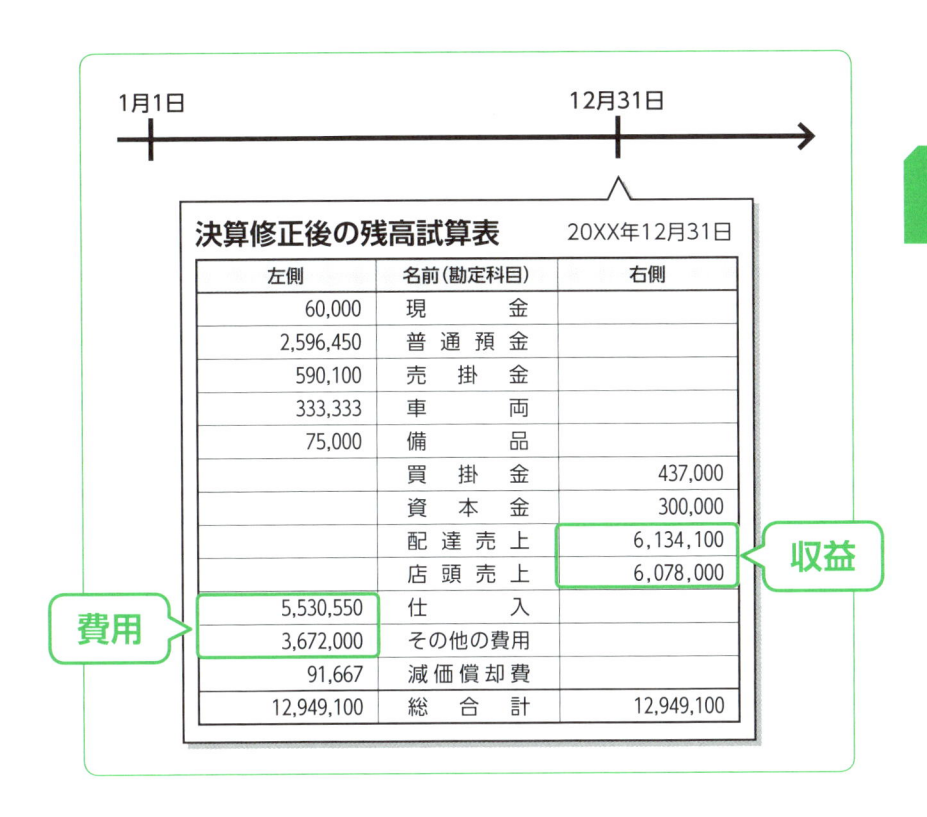

```
1月1日                    12月31日
──┼──────────────┼──────────────→
                           ↓
```

決算修正後の残高試算表　　20XX年12月31日

左側	名前(勘定科目)	右側
60,000	現　　　　金	
2,596,450	普 通 預 金	
590,100	売　掛　　金	
333,333	車　　　　両	
75,000	備　　　　品	
	買　掛　　金	437,000
	資　本　　金	300,000
	配　達　売　上	6,134,100
	店　頭　売　上	6,078,000
5,530,550	仕　　　　入	
3,672,000	その他の費用	
91,667	減 価 償 却 費	
12,949,100	総　合　　計	12,949,100

費用：5,530,550 / 3,672,000
収益：6,134,100 / 6,078,000

　そもそも**利益・儲けとは、入ってきたお金から使った金額を引いた差額**です。段階をおって、この金額を出します。

　上の図は、決算修正用の試算表（P.144）から左右外側「修正後」の列だけを抜き取ったものです。決算後の残高だけを記録した表で「**残高試算表**」といいます。月ごとの取引合計はわからなくてもいいので、勘定科目ごとに結局いくら残っているのかだけを知りたいときに便利な表です。知りたい情報以外を除いたので、わかりやすいですね。お店の通信簿である開業1年目の利益は、この表を使って金額を求めていきます。ここまでが第一段階です。

1年間の通信簿がわかる表を作る❷

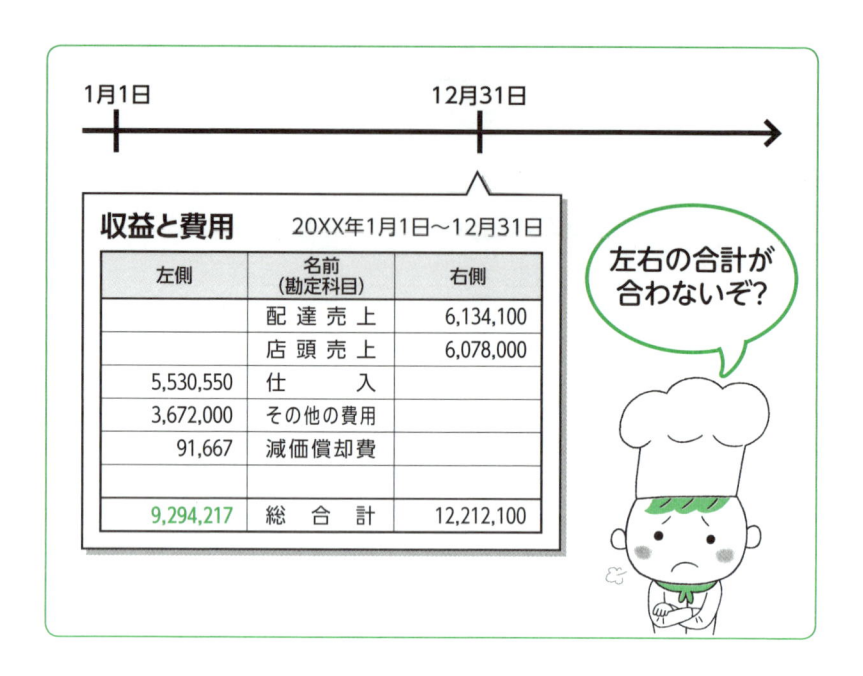

```
       1月1日              12月31日
─────────┼──────────────────┼──────────────────→
```

収益と費用 20XX年1月1日～12月31日

左側	名前（勘定科目）	右側
	配達売上	6,134,100
	店頭売上	6,078,000
5,530,550	仕入	
3,672,000	その他の費用	
91,667	減価償却費	
9,294,217	総合計	12,212,100

左右の合計が合わないぞ？

　第２段階は、前のページの残高試算表から「収益」と「費用」の部分だけを残して、ほかの勘定科目を外します。それが上の表です。**「収益」は現金や普通預金など、お金が入ってくる原因を作ってくれた「売上」**ですね。キッズベーカリーでは、配達売上と店頭売上に勘定科目を分けているので、この２つが「収益」です。

　費用は「仕入」「その他の費用」「減価償却費」の３つ。○○屋から仕入れる材料、文房具などの消耗品。減価償却費も費用に入ります。

　左右それぞれを合計した金額を一番下の欄に書き入れると……左右の金額が一致しません。日計表から始まった集計表は、左右の合計額が一致するのが大原則。一致しない場合、どこかに計算ミスがあるはずなので、これでは間違い……？

損益計算書の完成

損か益（利益）か、を計算する表なんだね〜

損益計算書 20XX年1月1日〜12月31日

左側	名前（勘定科目）	右側	
	配達売上	6,134,100	収益
	店頭売上	6,078,000	
5,530,550	仕入		費用
3,672,000	その他の費用		
91,667	減価償却費		
2,917,883	利益		収益−費用
12,212,100	総合計	12,212,100	

　P.147で「利益・儲けとは、入ってきたお金から使った金額を引いた差額」だと説明しました。つまり、一番下の段の左右の合計額の差が、キッズベーカリー開店1年目の利益。経営者としてのケイイチくんの通信簿です。この表、利益を見るときにわかりやすいですよね。正式には「**損益計算書**」といい、利益または損失がいくらかを計算するための表なのです。

　月次試算表もいろいろなことがわかりますが、どれだけ利益が出たのか、お金が出ていったのかを知りたいときには、いちいち計算をする必要が出てきます。そういうときに損益計算書は便利なのです。

簿記学習の意外な効果

小中学生に簿記の勉強をさせると、漢字の成績もよくなったという結果が出ました。学校で習う以前から、難しい字を読み書きした成果でしょうか。中には家族の年末調整を手伝ったという子も。

43 | どんな財産があるかをチェック

損益計算書で利益はわかりました。でも、お店の大事な財産は出ていません。それが一目でわかる表を作りながら、キッズベーカリーのすべての財産を確認します！
最後に意外な事実も!?

keyword
貸借対照表（たいしゃくたいしょうひょう）
会社やお店の保有財産が一目でわかる表

> 利益はわかったけど、どのくらい財産を持っているんだろう？

決算日のあとの「総まとめ」、確定申告書の作成に向けてがんばっているケイイチくん。開店1年目にいくら儲けたのか、その金額も確定して、ようやくゴールが見えてきました。税金の計算までもうすぐ。でも、もうひとつだけ、カネ・モノ・ケンリなど、お店の大事な財産がわかる表を作ります。現時点でどんな財産がどのくらいあるのか、しっかりと管理しましょう。

お店の財産がわかる表を作る

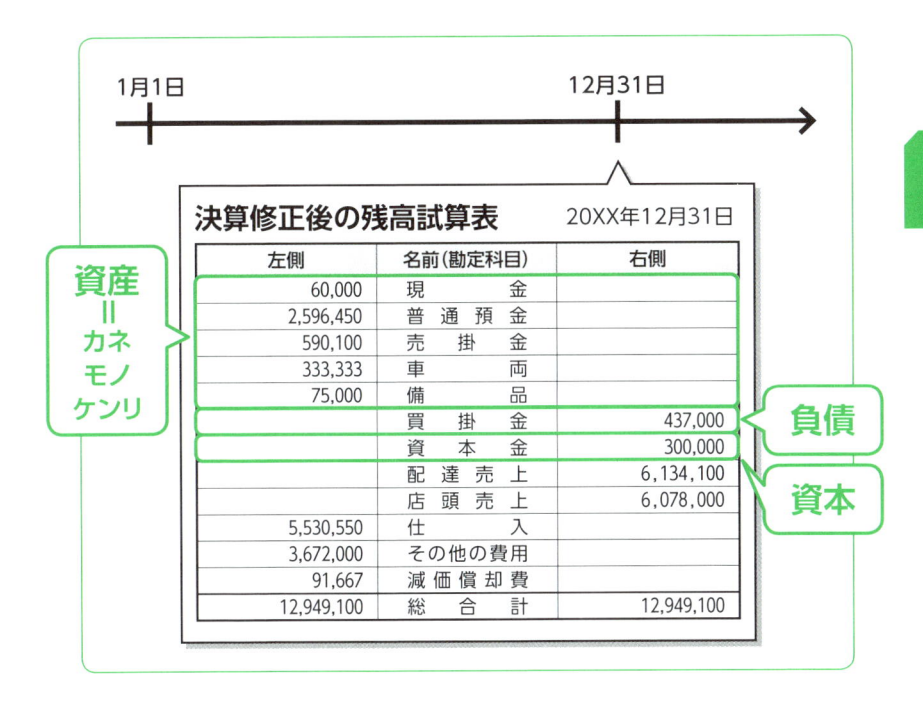

1月1日 ──────────── 12月31日 →

決算修正後の残高試算表 20XX年12月31日

左側	名前(勘定科目)	右側
60,000	現　　　　金	
2,596,450	普　通　預　金	
590,100	売　　掛　　金	
333,333	車　　　　両	
75,000	備　　　　品	
	買　　掛　　金	437,000
	資　　本　　金	300,000
	配　達　売　上	6,134,100
	店　頭　売　上	6,078,000
5,530,550	仕　　　　入	
3,672,000	その他の費用	
91,667	減　価　償　却　費	
12,949,100	総　　合　　計	12,949,100

資産 = カネ モノ ケンリ（現金・普通預金・売掛金・車両・備品）

負債（買掛金）

資本（資本金）

　まず上の図の月次試算表から、資産と負債がどこにあるのかを確認します。資産は「カネ・モノ・ケンリ」ですから、該当する勘定科目は、カネは「現金」と「普通預金」。「売掛金」は、品物をすでに渡してあるので、その代金をもらえるケンリ。「車両」や「備品」がモノ。これらが資産です。

　負債は、将来に支払い義務があるお金なので、「借入金」と「買掛金」が該当します。しかし、ケイイチくんは12月31日に契約書通り、銀行に「借入金」を全部返済しました。ですから、この表には載っていません。支払い義務があるのは「買掛金」だけになります。また、負債ではありませんが、「資本」は店主であるケイイチくんから元入れされた金額であり、店主のものです。これも竹とんぼと同じように右側に書きます。

お店の財産がわかる表「貸借対照表」

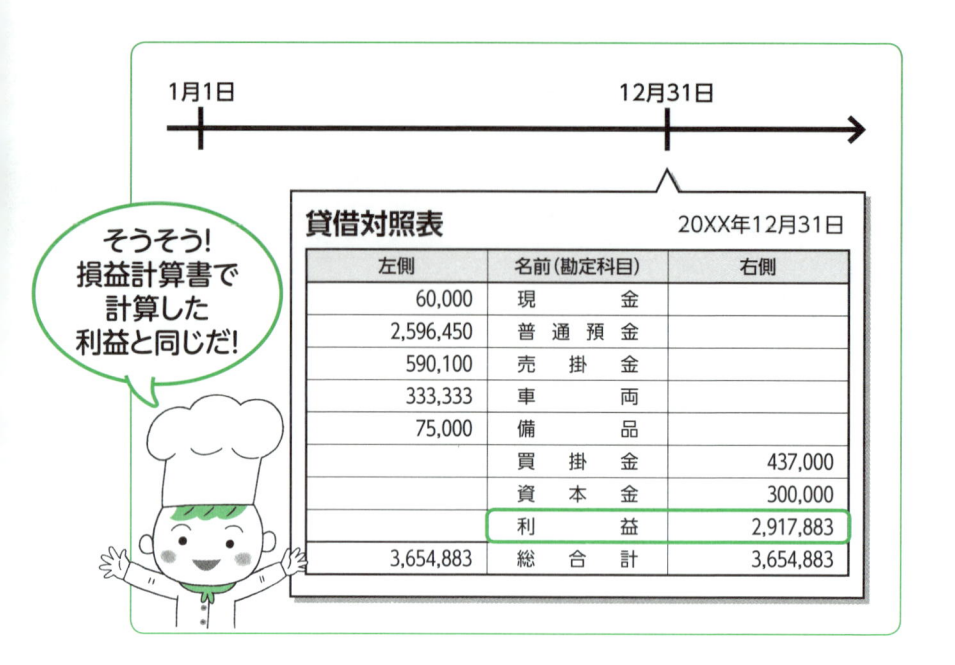

1月1日 ——————— 12月31日 ——→

貸借対照表　　　　　　　　20XX年12月31日

左側	名前（勘定科目）	右側
60,000	現　　　　金	
2,596,450	普　通　預　金	
590,100	売　　掛　　金	
333,333	車　　　　両	
75,000	備　　　　品	
	買　　掛　　金	437,000
	資　　本　　金	300,000
	利　　　　益	2,917,883
3,654,883	総　合　計	3,654,883

そうそう！損益計算書で計算した利益と同じだ！

　前のページで確認した資産・負債・資本。この3つを切り離してひとつにまとめたものが上の表です。数字をよく見てください。「総合計」の上の「利益」の数字にどこかで見覚えが……？　損益計算書で出した利益と同じ額でした。つまり、意外な事実とは、**どのくらい財産があるのかという表からも、儲けた金額がわかるのです**。この表を「貸借対照表」といい、その名前には、実は商売のある視点が残されています。たとえば、喫茶ABCから見て「売掛金」は、ケイイチくんのお店からお金を借りているようなもの。逆に「買掛金」は、○○屋から見てお店にお金を貸しているようなものです。このような、もともと商売上の貸し借りだけを記録していたもののなごりが、その名前に残っています。ちなみに竹とんぼの右側と呼んでいたものは、正式には「貸方」。左側は「借方」といいます。

3つの集計表の関係

決算修正後の残高試算表 20XX年12月31日

左側	名前(勘定科目)	右側
60,000	現　　　金	
2,596,450	普　通　預　金	
590,100	売　掛　金	
333,333	車　　　両	
75,000	備　　　品	
	買　掛　金	437,000
	資　本　金	300,000
	配　達　売　上	6,134,100
	店　頭　売　上	6,078,000
5,530,550	仕　　　入	
3,672,000	その他の費用	
91,667	減　価　償　却　費	
12,949,100	総　合　計	12,949,100

貸借対照表

左側	名前(勘定科目)	右側
60,000	現　　　金	
2,596,450	普　通　預　金	
590,100	売　掛　金	
333,333	車　　　両	
75,000	備　　　品	
	買　掛　金	437,000
	資　本　金	300,000
	利　　　益	2,917,883
3,654,883	総　合　計	3,654,883

損益計算書

左側	名前(勘定科目)	右側
	配　達　売　上	6,134,100
	店　頭　売　上	6,078,000
5,530,550	仕　　　入	
3,672,000	その他の費用	
91,667	減　価　償　却　費	
2,917,883	利　　　益	
12,212,100	総　合　計	12,212,100

　修正後の残高試算表、貸借対照表、損益計算書。３つの集計表の関係を、もう一度確認しましょう。

　残高試算表の上半分。**資産と負債・資本を切り取ると、貸借対照表になります**。現金や預金がいくらあるか、負債がいくら残っているか、どんなモノやケンリを持っているかなど、財産の様子がよくわかります。左側の資産の合計額から右側の負債と資本の合計額を引き、余った金額が利益となります。利益は、資産の合計額と負債と資本の合計額が少ない方の欄に金額を記入します。

　残高試算表の下半分、**収益と費用に関する勘定科目を切り取ると、損益計算書になります**。お金の流れがよくわかる表ですね。試算表から生まれた２つの通信簿、貸借対照表と損益計算書。目的に合わせて使うと便利なのです。

1期の終わりに

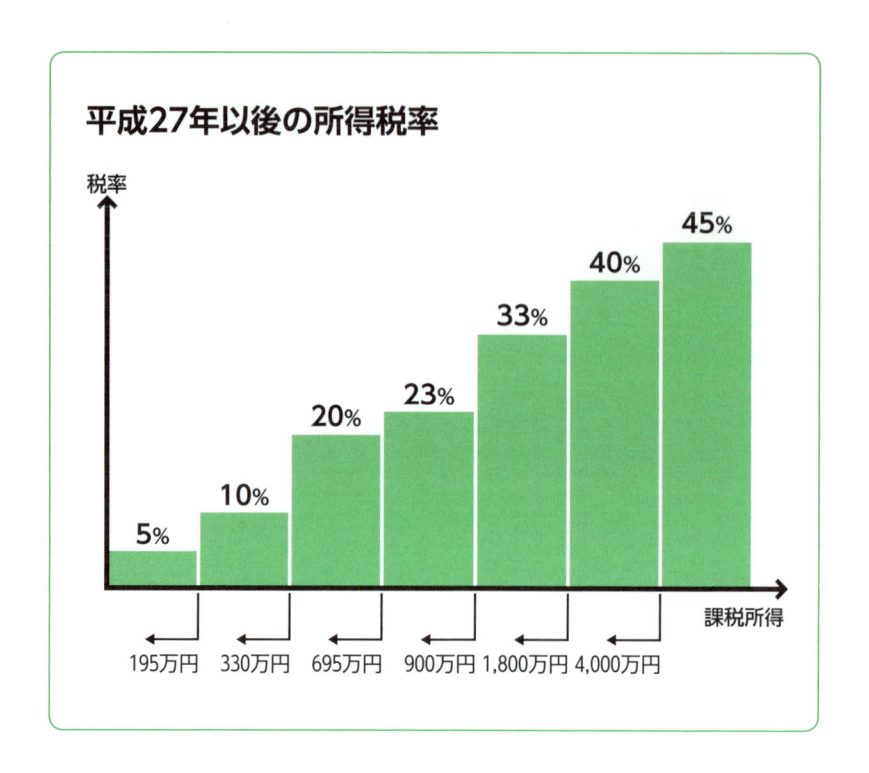

平成27年以後の所得税率

課税所得	税率
〜195万円	5%
〜330万円	10%
〜695万円	20%
〜900万円	23%
〜1,800万円	33%
〜4,000万円	40%
4,000万円〜	45%

　日々の取引を集計した日計表から始まって、日計表を1カ月分まとめた月次試算表を毎月作りました。それを12カ月分まとめたのが、決算月にあたる12月の月次試算表。さらに減価償却費を加えて修正した試算表を作り、損益計算書と貸借対照表を作りました。最後に決算後の総まとめ。確定申告書を作成して、税務署に国民の義務、社会の「会費」である税金を納めます。

　ここまでが商売の1期です。商売を営むことは、本当に大変ですね。税金の計算は、利益に一定の税率を掛け算して金額を出します。日本の場合、利益にかかる税金（所得税）は、稼いだ金額が大きくなるほど税率も大きくなる「累進課税」という方法で算出されています。

キッズベーカリーは2年目へ

損益計算書

左側	名前(勘定科目)	右側
	配 達 売 上	6,134,100
	店 頭 売 上	6,078,000
5,530,550	仕　　　入	
3,672,000	その他の費用	
91,667	減 価 償 却 費	
2,917,883	利　　　益	
12,212,100	総 合 計	12,212,100

→ 2,917,883円×0.1(10%) = **291,788円**！

> すご～い！ぼくも税金を納める立場になったんだね！

　今回は仮に、税率10パーセントとして計算してみましょう。1年間の利益、2,917,883円に10パーセントを掛けると291,788円。ケイイチくんは、この金額を税金として納めます。こうして一生懸命働いたお金を税金として納めるのですから、やはり無駄なく有効に使って欲しいですね。

　決算をして、税金を納め終わる頃には、もう次の期。こうしてケイイチくんが経営するケーキ屋さん・キッズベーカリーは、2年3年と続いていくのです。

経営者としてのケイイチくんの実力は？

よくがんばりました。が、材料費をかけ過ぎたようです。一般的に飲食業では価格の30％以下が適正。ケイイチくんは「仕入額÷総売上」で45.3％。改善の余地、ありです。

3章で学んだ
竹とんぼと表のふりかえり

日々の売上を分析しながらケーキ屋さんの経営に励んできたケイイチくん。ついに開店から1年が経過しました。1年のゴールである決算書作りと国民の義務の税金を納めました。

＋ 盗難損失 －

> 万が一お店の財産を盗まれてしまったときに使います。悲しい理由で出て行くお金ですが、盗難損失も、仕入や消耗品費と同じように費用のひとつです。

＋ 減価償却費 －

> 長く使えるのが「設備」の特徴とはいえ、使い続ければやはり古びて価値が下がるもの。その減った価値を金額であらわし、毎年の決算日に費用として計上します。

●減価償却のしくみ

この本では、購入時の金額を耐用年数で割る「定額法」を使って、1年で何円分の価値が失われるかを算出しています。耐用年数を超えた設備の価値は、実際には問題なく使えていても、帳簿の上ではゼロになります。

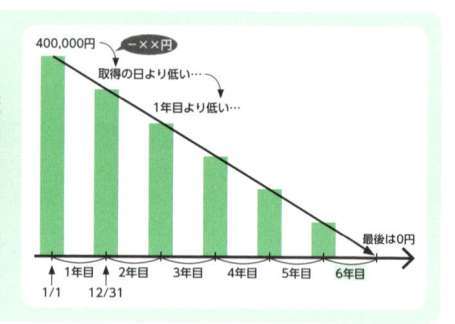

400,000円　－××円
取得の日より低い…
1年目より低い…
1年目　2年目　3年目　4年目　5年目　6年目
1/1　12/31
最後は0円

●累進課税のしくみ

稼いだお金、つまり利益に対しての税金が「所得税」。その金額は、利益の金額に一定の税率を掛けて算出します。日本では、利益の金額が大きくなるほど税率も上がる「累進課税方式」が採用されています。

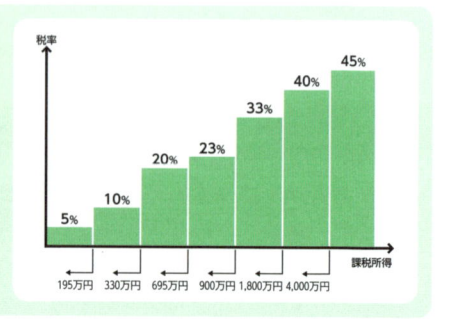

税率
5%　10%　20%　23%　33%　40%　45%
195万円　330万円　695万円　900万円　1,800万円　4,000万円
課税所得

3章で登場した表

❶ 月次試算表＝合計残高試算表

8月残高	取引合計	7月残高	名前(勘定科目)	7月残高	取引合計	8月残高
60,000	612,200	60,000	現　　　金		612,200	
3,118,000	800,500	2,723,800	普 通 預 金		406,300	
420,000	420,000	573,300	売 掛 金		573,300	
400,000		400,000	車　　　両			
100,000		100,000	備　　　品			
	387,500		買 掛 金	387,500	444,000	444,000
			借 入 金	500,000		500,000
			資 本 金	300,000		300,000
			配 達 売 上	2,148,300	420,000	2,568,300
			店 頭 売 上	2,736,600	593,400	3,330,000
1,957,100	444,000	1,513,100	仕　　　入			
1,087,200	385,000	702,200	その他の費用			
7,142,300	3,049,200	6,072,400	総 合 計	6,072,400	3,049,200	7,142,300

当月中の取引合計、前月と当月それぞれの残高をまとめたもの。

❷ 残高試算表

左側	名前(勘定科目)	右側
60,000	現　　　金	
2,596,450	普 通 預 金	
590,100	売 掛 金	
333,333	車　　　両	
75,000	備　　　品	
	買 掛 金	437,000
	資 本 金	300,000
	配 達 売 上	6,134,100
	店 頭 売 上	6,078,000
5,530,550	仕　　　入	
3,672,000	その他の費用	
91,667	減 価 償 却 費	
12,949,100	総 合 計	12,949,100

決算修正を終えたあとの試算表から、決算後の残高の列だけを抜き出したもの。

❸ 損益計算書

左側	名前(勘定科目)	右側
	配 達 売 上	6,134,100
	店 頭 売 上	6,078,000
5,530,550	仕　　　入	
3,672,000	その他の費用	
91,667	減 価 償 却 費	
2,917,883	利　　　益	
12,212,100	総 合 計	12,212,100

残高試算表の主に下半分、つまり収益（＝売上）と費用（＝仕入れ、減価償却費、その他の費用）だけを抜き出したもの。収益から費用を引いた「利益」を確認するのに便利です。

❹ 貸借対照表

左側	名前(勘定科目)	右側
60,000	現　　　金	
2,596,450	普 通 預 金	
590,100	売 掛 金	
333,333	車　　　両	
75,000	備　　　品	
	買 掛 金	437,000
	資 本 金	300,000
	利　　　益	2,917,883
3,654,883	総 合 計	3,654,883

残高試算表の主に上半分、つまり資産と負債・資本だけを抜き出したもの。資産から負債・資本を引くことでも「利益」が算出できます。

コラム

決算書のここに注目！

　簿記の手続きを期末まで行ったら、1年分のデータを集計して、財産の一覧表となる「貸借対照表」や、儲けの計算過程がわかる「損益計算書」といった会社の成績表を作ります。ここまでが簿記の役割でした。会社の成績表は、正式には「財務諸表」といいます。

　決算書を見ると、会社の財産や儲けがよくわかります。ここでは下の決算書を例に初心者でも簡単にチェックできて、実務でもよく使われるポイントを2つお教えします。（単位：万円）

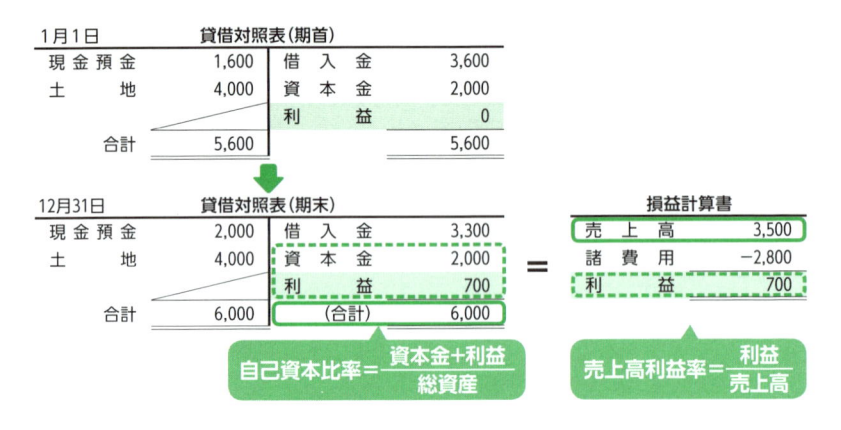

1月1日　　貸借対照表（期首）

現金預金	1,600	借入金	3,600
土　　地	4,000	資本金	2,000
		利　益	0
合計	5,600		5,600

12月31日　貸借対照表（期末）　　　　　　　　損益計算書

現金預金	2,000	借入金	3,300
土　　地	4,000	資本金	2,000
		利　益	700
合計	6,000	（合計）	6,000

売上高	3,500
諸費用	−2,800
利　益	700

$$自己資本比率 = \frac{資本金 + 利益}{総資産}$$

$$売上高利益率 = \frac{利益}{売上高}$$

　1つめは自己資本比率です。期末の貸借対照表を見て、資産全体の中で資本（資本金＋純利益）が占める比率をチェックします。これが大きい会社ほど、借入れに頼る部分が少なく安全です。

　この例では、資本2,700（資本金2,000＋利益700）÷総資産6,000＝45％。業種の特徴を考えずに一般的な目安をいうと、だいたい30％〜35％くらいが標準的です。それを上回っているので、この例の会社は安全性が高いといえます。

　2つめは売上高利益率です。損益計算書を見て、売上高に対する利益の比率をチェックします。これが大きいほど、同じ売上額でもより多くの利益が得られる、儲けが出やすい体質であるとわかります。儲けが出やすい体質のことを「収益性が高い」ともいいます。

　この例では　利益700÷売上高3,500＝20％。こちらも業種によりますが、一般的な目安は売上高の5％前後。それと比較すると、この例の会社はとても収益性が高いといえますね。

あとがき

　幕末の英雄である坂本龍馬は、1867年11月16日に、33歳という若さで暗殺されますが、晩年に彼が同じ土佐藩の佐々木高行に、次のように語っています。
「是より天下の事を塩梅するには、会計が最も必要である。幸に越前藩の光岡八郎［後由利公正子爵］（三岡八郎）は会計の事に長じて居る。かねて彼とも相談してあるが、速に彼を採用するのが肝要である」
（「増補改訂版全書簡現代語訳　坂本龍馬からの手紙」宮川禎一著　教育評論社　P.281）

　明治維新の前から、会計がもっとも政策に必要な道具である、と坂本龍馬が喝破していたのでした。なぜ坂本龍馬に会計への理解があったかというと、彼の実家が豪商才谷屋の分家だったことが大きかったのでしょう。土佐で才谷屋といえば、質屋・酒造・呉服などの商売を行っており、裕福な環境でした。このような環境で育った龍馬は「お金の流れを理解する技術としての会計」について、人並み以上の見識を持っていたのです。

　現代社会は、お金のやり取りを抜きにして語ることはできません。「カネの動きをもっとも深く理解する者が、この経済社会を思い通りに動かす権利を得る」のです。

　本書でお伝えしたかったのは『会計＝ＢＯＫＩ（簿記）はけっしてむずかしくない』、『ＢＯＫＩ（簿記）こそが、社会で役に立ち、学んで楽しい最強の学問である』ということです。

　坂本龍馬が「最も必要」と主張した会計の知識を、本書を繰り返しお読みいただいて、あなたの体の一部としてください。
　そして、仕事やプライベートなどさまざまな場面で、本書で身につけた知識がお役にたてることを心から願っています。

　最後に、本書執筆にあたってキッズＢＯＫＩ動画（全55回）の脚本を書き、さらに本書執筆の中心メンバーとして活躍してくれた事務局の柴田恵陽氏、拙著の編集にご尽力くださった株式会社ナイスクの尾澤佑紀氏、原稿の校正等を手伝ってくれたスタッフの水野浩一郎さん、そして関係者の皆様に、この場を借りて深く御礼申し上げます。
　ありがとうございました。

　　　2016年2月

　　　　　　　　公認会計士・税理士　キッズBOKI主宰　柴山政行

柴山　政行(しばやま　まさゆき)

公認会計士・税理士・キッズBOKI主宰
柴山会計ラーニング株式会社代表
1965年、神奈川県生まれ。埼玉大学経済学部卒業。1992年、公認会計士2次試験に合格、大手監査法人を経て、1998年に柴山政行公認会計士・税理士事務所を開設。2004年、合資会社柴山会計ソリューションを設立し、インターネット事業に本格的に進出。2012年、柴山会計ラーニング株式会社設立。公認会計士・税理士としての業務のほか、経営コンサルティング、講演やセミナーも精力的に行う。また、小中学生から始められる会計・簿記教育「キッズBOKI」のメソッドを開発し、その普及に力を注いでいる。著書は『Google 経済学』(フォレスト出版)、『銀座の立ち飲み屋でなぜ行列ができるのか?』(潮出版社)、『日本一やさしい「決算書」の読み方』(プレジデント社)など多数。
キッズBOKI ホームページ：http://www.kidsboki.net/

企画・編集　ナイスク　http://naisg.com
　　　　　　松尾里央
　　　　　　石川守延
　　　　　　尾澤佑紀
編集協力　　柴田恵陽(キッズBOKI)
装丁・本文デザイン・DTP　小林幸恵(エルグ)
イラスト　　さくま育

日本一わかりやすい会計の授業

2016年3月5日　初版第1刷発行

著　者　柴山政行
発行者　小山隆之
発行所　株式会社 実務教育出版
　　　　〒163-8671　東京都新宿区新宿1-1-12
　　　　電話　03-3355-1812 (編集)　03-3355-1951 (販売)
　　　　振替　00160-0-78270

印刷／株式会社 文化カラー印刷　　製本／東京美術紙工

©Masayuki Shibayama 2016　　Printed in Japan
ISBN978-4-7889-1173-4 C0034
本書の無断転載・無断複製(コピー)を禁じます。
落丁・乱丁本は本社にてお取り替えいたします。